真相
相
的力量
Truth

張曼琳——著

目　錄

推薦序　命運寫在每個人自己的心上／蔡志忠 ‥‥‥‥ 6

推薦序　了解自我 選擇你正在做的事／布倫特 W. 赫比 ‥10

推薦序　開啟心胸 發掘無限潛力／克里斯多福‧孟 ‥‥‥13

推薦序　做對事 讓我們的生活更有價值／吳正興 ‥‥‥‥16

自　序　喚醒自我真相的內在領導力 ‥‥‥‥‥‥‥‥19

第一篇 | 領導特質診斷，猜猜看你是哪種個性特質

一吼天下驚、百獸之王──老虎型特質 ‥‥‥‥‥‥31

愛現愛秀、人群明星──孔雀型特質 ‥‥‥‥‥‥34

平和近人、耐心堅定──無尾熊型特質 ‥‥‥‥‥37

要求精確、傳統本分──貓頭鷹型特質 ‥‥‥‥‥40

天生多變、適應力強──變色龍型特質 ‥‥‥‥‥43

內在領導力的挑戰 ‥‥‥‥‥‥‥‥‥‥‥‥‥46

第二篇 | 從 5 種類型動物，看見古今中外名人的領導特質

老虎型領袖──胸懷大志、勇於創新　蘋果創辦人賈伯斯 ‥50

孔雀型領袖──世界第一夫人　愛莉諾‧羅斯福 ‥‥‥‥60

無尾熊型領袖——追隨內在聲音　德蕾莎修女 · · · · · · · · 71

貓頭鷹型領袖——完美女性典範　葛莉絲凱莉王妃 · · · · · 76

變色龍型領袖——善用資源、整合運籌　諸葛亮 · · · · · · 88

第三篇 ｜ 從 PDP 個案 認識真相

傾聽內在聲音 調整生命優先順序 · · · · · · · · · · · · · 98

藉由喚醒和蛻變 讓孩子展現獨特的天賦本質 · · · · 107

走出受害者的牢籠 成為真實的自己 · · · · · · · · · · · 116

後　記　感謝與欣賞 · · · · · · · · · · · · · · · · · · · 124

參考書目 · · · · · · · · · · · · · · · · · · · 126

命運寫在每個人自己的心上

/蔡志忠（圖文）

印度吠陀經說：「如果一個人四十歲時還沒有覺悟，便如同死亡。」

我們打開門走出去，是因為知道要去哪裡。我們開車上高速公路，知道要去什麼目的地。然而人生這麼大的旅程，大多數人竟然走了大半輩子，還不知道自己的目的地，豈不是很荒謬。

隨波逐流，沒有目標的人生，像一艘沒有羅盤、航海圖，漂流於汪洋中無法靠岸的孤船。我們有幸來此一輩子，應該先想清楚這一生應該怎麼過？這輩子應該怎麼走？

從前兩岸還沒有直航的時代，我超過五十次在香港機場轉機要回台灣，對於歸心似箭的我，才懶得理

別人要去紐約、倫敦或巴黎。由於我們自己沒有明確的目的地，才會亂羨慕別人要去夏威夷或是大溪地。如果我們清楚知道自己人生的目的地，才懶得理別人高升什麼職位，今年賺了多少億。

明朝無異元來禪師說：「人自出生以來，要疑：生從何來？死向何方？」套用西方的講法就是：「我是誰？我從哪裡來？我要去哪裡？」孔子說：「性相近，習相遠。」我們每個人剛出生時其實相差不大，通過不同的學習，每個人變得不相同。除了個人能力之外，每個人的習性也很不一樣，由於能力、習性不同，所造成的人生之路也變得人人與眾不同。

二十年前，我曾在報章雜誌看過人性格的孔雀型、老虎型等分類的說法，覺得將個性分成五類很有意思。後來發現這 PDP 學說的作者張曼琳很巧的跟我住在同一棟大樓，因此有機會請他替我和溫世仁先生做 PDP 性向分析，我是個非常了解自己的個性與優缺點的人，我了解自己的能力與個性，有如我知道自己銀行存款簿到底有多少錢一樣精確。PDP 的分析結果嚇了我一跳！因為看似毫無關係的六十題問卷圈選，所得到的結果竟然準確得嚇人！

張曼琳跟我解釋說：「雖然問卷的問題乍看起來好像毫無關係，但這是通過四百萬個實際個案調查的統計資料庫所做出來的結果，所以才會這麼精準。」

舞出一生華麗，人是矛盾的！既期盼能出類拔萃

鶴立雞群，卻又深怕自己與眾不同。每個人都生而與眾不同，每個人都有獨特的一面。

如果我們不發揮自己獨特的一面，而行為習慣價值觀與大家都一樣，卻又期望自己能出類拔萃，這豈不是非常矛盾？我們來這一輩子到底為的是什麼？每天為生活而忙，所為何來？難道我們只能被動的隨著生活的腳步行動？而不能率性唱出自己的生命之歌？隨著內心的節奏、韻律自己獨舞？

我們有幸來此一生，雖然生命難得、人身難得，但大多數人都渾渾噩噩毫無計畫匆匆過此一生。有多少人能在一開始便先想清楚這難得的一生到底應該怎麼過？應該怎麼走？難道非得等到夕陽將盡，我們即將死亡離去之時，才再後悔、懊惱不已？

人生是什麼？人生有什麼目的？相信大多數人都曾在他的人生旅途中，思考過這個「人生大問」！但有多少人真正想通人生問題？然後完完全全依自己正確的想法去實踐自己的一生？

每個人的內心深處都有一塊心靈聖地！每個人都應往自己內心深處尋找屬於自己的那塊淨土。而哪裡才找得到我們內心深處的那塊寂靜淨土？讀萬卷書不如行萬里路，行萬里路不如閱人無數，閱人無數不如高人點渡，高人點渡不如自己頓悟！

世間迷信命運，命運是無能者的藉口。命運不寫在臉上、命運不寫在掌上、命運不寫在痣上、命運不

寫在星相上、命運寫在每個人的心上！每個人當掌握自己的命運，每個人應走出自己的人生之道。

　　準備得越充足，幸運就越會跟著來。每個人選擇自己的人生之路之前必須先了解自己，了解自己是人生的第一個智慧！如果我們無法真正了解自己，可以做一次 PDP 性向分析，便有如高人點渡般的分析你的心，讓你了解自我的領導力到底如何？

了解自我，選擇你正在做的事

／布倫特 W・赫比（領導管理整合系統公司總裁）

　　如果你問人們：「為什麼你會選擇做你目前在做的事？」，有人可能可以輕易地就回答了；有人卻可能要掙扎許久才能找到答案——特別是那些從未曾允許自己去往內觀照的人。

　　我認為自己是一個相當幸運的人，因為從我幼小的時候開始，在一種名為「領導管理整合系統」之「領導特質」（PDP ProScan）的測量工具協助下，我就已經深刻地瞭解自己是誰。在做測量時，就算我當時年紀極為幼小，我依舊感到讚歎與興奮不已。它影響我的生命如此之鉅，以致於我甚至夢想著自己有朝一日可以成為領導管理整合系統公司（PDP）的總裁。

　　我們把時間往前快轉到一九八七年，因緣際會下，我加入 PDP，成為該公司的員工。這是我朝向自己的夢想的第一步。一九九二年，我遇到張曼琳，一個跟我一樣，也對「想要瞭解讓人啟動的人類行為」抱著一份熱情的人！很快地，曼琳成為「領導管理整

合系統」（PDP）的行為科學裡的一個學生。她肩負起將這套系統翻譯成繁體與簡體中文的重責大任，好讓她能夠將它介紹給大中華區的無數公司與個人。

　　無論曼琳到哪裡，她都會應用此一系統，她使用 PDP ProScan 的數據圖表來跟政治與企業領導者進行個人訪談；她在電視與廣播節目中討論台灣現任最高領導人與已卸任的正副最高領導人們的領導風格；她創立一個非營利性質的領袖協會來發展領導力；同時，她也寫了十本書，討論歷史上許多領導者的領導管理整合（PDP）之領導力以及能量的風格。

　　曼琳和來自各行各業的人們──從莘莘學子到財富雜誌 500 大企業的總裁──都能有很好的連結。當

美國 PDP 公司總裁布倫特 W．赫比（左）& 張曼琳 Marie（中）& 范麥爾 Mac（右）

她在跟人從事一對一的晤談時，她是那麼的了不起。
然後現在，她在她這本新書裡要來跟你分享她在了悟
個人力量以及人們因為工作與家庭角色所蒙受的緊張
壓力過程中的深刻體驗。

　　喔！至於我那個想要成為 PDP 的總裁的夢想
啊⋯⋯它在二〇〇一年時成真了！祝福你也能夢想成
真！

開啓心胸，發掘無限潛力

／克里斯多福·孟（知見山負責人）

認識曼琳已經超過十幾年，在這期間她跟我成了非常好的朋友。在曼琳所擁有的傑出特質裡，其中有兩個深深地影響了我的事業和我個人的生活：她開放的心胸和聰穎的智力。才氣煥發的她，結合了敏銳的智慧以及她對於教學的熱情，展現出了她是個具有激勵性、能捕捉人的注意力和高度有趣的溝通者和演說

克里斯多福·孟 & 張曼琳合影

家。當她以典型活潑的方式給出精巧詳細的資訊時，她美妙的幽默感使聆聽她的人感到其樂無窮。

不管從事任何事或方案，曼琳向來不遺餘力。對於她所研究的任何主題，她肯定會從所有可能的角度，一絲不苟地去探究及審查。當投入研究著名的歷史人物的自傳時，她以密切不帶論斷的方式來涉入研究對象的行為和動機，所以她可以準確而且不偏不倚地描繪出這個人物。如此的組合，再加上她具有能牢記資訊並且準確地將它們分享出來的能力，這使曼琳成為一位極具特色的老師。

關於曼琳開放的心胸，在她的日常生活中，對與她交會的每個人來說，曼琳總是在向大家示範著「正直、寬厚、理解和接納」這四項特質。她擁有聚焦於一個人最偉大特質的驚人能力；她引導人往前，使每一個單獨的個體能夠去認出自己獨特的偉大面。她寧願欣賞而不去批評；她從人的最大潛力來看待人類，並且盡她所能幫助其他人也能夠去看到那股無限的潛力。

另一個曼琳寬厚精神的實例，顯現在她對朋友及學生完全熱心的支持上。在完成我的生命教練課程後，為了能一起練習以及幫助其他同學精進他們的技能，曼琳孜孜不倦地與大多數的同學保持聯繫並且出席學習小組和安排一對一協談。

我所認識的曼琳，在持續地探索人類存在的最重

要問題時，對學習也從來沒有顯現過倦態。她展現出活潑的生命力以及對學習的渴望，就好像是一個剛進大學、懷著敏銳機靈和無盡的欣賞力、想去吸收所有有用資訊的十八歲女學生一般。

　　這十幾年來，能認識這位永遠年輕、充滿活力的女士讓我深感榮幸和喜悅。

做對事，
讓我們的生活更有價值

／吳正興（共好顧問集團董事長）

　　二十一世紀什麼最貴？相信大家都知道，答案是「人才」，但如何知道自己是人才、發現人才、培養人才、創造人才，卻是一個值得大家去探討與重視的課題。

　　接觸到 PDP 天賦特質系統，是一件令人驚訝而印象深刻的生命歷程，「它」幾乎可以說是改變了我人生方向的一個重要里程碑。回憶民國八十一年底，在初識張曼琳老師而後的一個星期，當時全公司所有同仁利用大約十多分鐘時間，接受了這項全球權威的 PDP 天賦特質測試，在測試報告隨即出爐的解析中，所有同仁又驚又喜地認為這麼簡單的六十題形容詞，居然可以那麼清楚地描述一個人的天生本質？為何它能說明我的工作角色扮演？ 又為何能呈現出「別人眼中的我」？ 竟然能透過這三個圖表完整地描述出來！

　　除此之外又提供了我的決策思考模式，工作模式

的優弱勢與能量，並將我在工作角色中調整的工作士氣、工作負荷及壓力調適等相關資訊一一洞悉。在接受了這些訓練後，張曼琳老師及 PDP 便成為我事業發展的重要夥伴，至今已有二十四年。

中國人常言：「一命二運三風水，四積德五讀書。」道出人的一生寫照是可以創造出來的，最重要的是如何找出自己獨特的天賦優勢，通常這點反而是一般人經常忽略，也是最困難的。

如果能客觀地對自己的優缺點加以分析運用，懂得揚長避短與別人互補，並在人生舞台上不斷的調整與學習，朝著人生目標邁進，必能有個美好的人生！綜觀中外知名的領袖，每個人的個性炯異，出生背景也毫不相同，卻能成就一番事業，都明白的告訴我們「領袖是可以創造的」！

個人從事教育訓練與管理顧問產業已近三十年，PDP 除了讓我找到自己的天賦並開闊我的人生外，並將自己所悟所學結合人力資源管理的專業與實務，協助了企業與人才，首先找出他們的重要天賦特質，觸動生命的能量並確立自己的定位後，再學習如何對組織發展有效地布局與經營，避免領導者因個人性格作風所產生用人不當或溝通不良的盲點，教導他們如何掌握「適才適所」並學習有效地溝通技巧與激勵，運籌於帷幄之中，以協助組織的每個人發揮個人所長，並能有效地運用組織內的人力資源共創整體的經營

績效。

　　張曼琳老師，是我的貴人，在我事業上給予支持與協助，在此表達我內心真摯的感恩之意。老師亦應用她在產學界具有的豐富資歷與經驗，協助非常多知名跨國企業提供全方位企業經營管理與諮詢輔導，更將自己所學所聞結合世界中外名人的自傳，深入淺出，彙整成冊出書無數，所列舉的事例更是不勝枚舉，其內容更是著名報章雜誌媒體爭相報導的題材。

　　猶記國父孫中山先生的四句話「人盡其才」、「物盡其用」、「地盡其利」、「貨暢其流」。現今有許多企業經營者大嘆人才難尋，員工敬業態度不如往昔，經營不易，事實上，歸納績優的企業經營案例中，即發現擁有一套完整的人力發展政策與運用有效的工具是非常重要的。

　　「唯有不斷奮發向上的員工，才能有不斷成長的企業」，這是我對共好同仁常說的勉勵詞。張曼琳老師對 PDP 專業的全心投入，一直讓我非常感佩，願藉其再次出書能給讀者們認清與掌握自己的天賦特質，再次觸動生命的能量，展現美好的人時生。僅此祝賀之心，希望本書在付梓之後能帶給人們更多的啟示與運用。

喚醒自我真相的內在領導力

　　我從大學時代便開始喜歡廣泛閱讀傳記文學，發現這些知名人物大都瞭解自己的天賦特質，並且在遇到各種挑戰的過程中，把天賦特質的潛在力量充分發揮出來，這個發現註定了我多年後與 PDP（領導特質分析系統）相遇的特殊緣份。

≫ 父母間的認同關係影響我的生涯發展

　　我的父親是軍人，從小對我要求特別嚴格，無形

曼琳（Marie）、爸爸及婦女會總幹事王亞權。

中，加重我對學業成績和後來事業成就的得失心。而身為軍眷的母親，每天都生活在可能失去丈夫的恐懼與擔心自己沒有在外面賺錢的能力，因此，在我日後的成長歷程，軟弱對我來說代表失敗者，我不允許自己失敗，我轉而認同父親。

一九七四年留學美國期間，我就創辦了一家外銷汽車零件公司，成為女企業家，讓父親對我感到驕傲。因為必須面對商場上的挑戰，我積極開發自己內在的男性陽剛面，久而久之，我的女性陰柔面自然被壓抑住，陰陽內在未達到和諧，顯現於表象的就是生病。

我生病的主因是因為在事業經營上遲遲無法突破，又在經營理念上與父親有相當大的差異。所以，我陷入事業發展瓶頸的壓力和與父親的理念衝突，得憂鬱症修養了兩年。

在生病期間，我開始學習對自己有耐心，要能允許和接受自己的脆弱。允許和接受之後，自然能夠包容，包容之後，自然能夠陪伴，陪伴即是愛。那時候我不斷透過健身、閱讀和心理諮商來療癒自己，我希望能調整自己男性陽剛面與女性陰柔面的內在個性失衡。

≫ 從汽車零件製造業轉型教育傳播事業

一九七五年，我在聯合國代表台灣的僑光社擔任

財經記者一職，我覺察到服裝穿著、氣質和氣度對一個人的社交成功與否，佔有極大的決定因素。於是，我利用週末時間，進入美國一所專門訓練女性儀態、氣質養成的「整體美貴族學院」進修。在那裡，我接受了外在美與內在美的全方位訓練，一年的課程結束後，我決定將這項課程引進台灣。

一九七六年開始籌備，於一九七七年正式在台

張曼琳（Marie）與先生范麥爾（Mac）在約翰尼斯堡——背景為 Mac 在南非商會會長期通過建立的南非商會會員的辦公大樓。

創校，並高薪延攬我在美國的二位老師來台，可惜，當時台灣整個社會風氣與經濟尚未達到那個水準，而紐約來的老師也不適應當時台灣的生活，一九七八年底，結束這項事業。

後來除外銷汽車零件貿易外，我先後開了兩家工廠，產品外銷世界五大洲，並同時也讓我賺足荷包環遊世界，且在一九八〇年結識了任職南非總商會會長的我先生 Mr. Mac van der Merwe 范麥爾。接著，在一九九一年與我先生結婚，開始從事教育傳播事業，我先鎖定一家主動發現自我和開發領導力的 PDP 品牌台灣地區獨家總代理。

由於，我在一九九〇年底做了第一次 PDP 測量時，發現我的耗能量測驗值（漏電部分）竟達四格之多。一般人做全職工作所需耗費的能量是二格，我竟達二倍之多。細究後，我發現是因為我正在承受三種壓力，第一個壓力來自於我不得不結束汽車零件外銷的事業，在這個過程中我必須面對爸爸和弟弟的質疑。第二個壓力來自於我對自己由外銷全世界轉為進口美國教育系統內銷台灣，且又轉行到教育事業陌生領域。第三個壓力為私領域，對於自己是否能扮演好婚姻中「老婆」這個角色，內心很沒有把握。

所以，我非常訝異 PDP 系統既可以看出我的心力與情緒上耗能量，又可以看出我所重視的家人角色部分。因為我深感震撼，決定更深入學習這套學問，

真相的力量——喚醒內在真相 激發潛在領導力

並即在一九九一年代理美國 PDP 成功領導特質研究。

≫ 開發 PDP 領導管理整合工具

　　PDP 系統正是一門測量每個人天賦特質的行為科學領導管理整合工具，支配性、表達性、耐心性和精確性這四個性格特質是主要的測量標準。支配性較強的人代表你有老虎型的天賦領導特質；表達性較強的人代表你有孔雀型的天賦領導特質；耐心性較強的人代表你有無尾熊型的天賦領導特質；精確性較強的人代表你有貓頭鷹型的天賦領導特質；而上述「四種特質」均在 1/2 中線指標內－即代表為整合特質的變色龍型。

　　PDP 系統關切每個人的三種自我：自然本我、工作角色的我和別人眼中的我，並且會個別評估這三種自我各自傾向何種天賦領導特質。特別是在工作角色的我這塊測量圖表中，有一欄是能量耗損，可以反映一個人在工作中所耗損能量的大小值與滿意度能量。

　　這個能量耗損值對於創業的老闆和公司的高階主管特別重要，因為這些人工作過度忙碌，而沒時間處理自己身體，如健康及工作的情緒上壓力與所愛家人的親密關係。一旦出現夫妻問題和親子問題，這些人的工作能量耗損值就會過高，並且承受很高的身心壓力。如果這些人的身心健康最後崩潰，不僅影響整個

公司員工的工作安定，也會影響整個家庭與社會的經濟生計。

所以，我很重視 PDP 系統的預防功能，只要老闆和高階主管有定期做 PDP 測量，一旦我們發現能量耗損值過大，滿意度過低，專業訓練人員就能以諮詢輔導來減輕這些人的身心壓力。

目前我身為 PDP 大中華區總代表十六年有餘，深深覺得自己的天賦才華就是用 PDP 系統工具來幫助人們開發個人的領導天賦特質，並用 PDP 來檢量主管公私領域能量耗損值與工作滿意度的高低值，來預防這些經營者和管理者出現身心崩潰的危機。這是因為當我五十歲時，即先後十年已把 PDP 領導特質與古今中外成功人物的成功特質比對完成，並已出版了行行出狀元的 PDP 特質八本書之後，由於代理的另一個品牌的變革方向與自己天賦禮物落差太大，突然間覺得整個人創意枯竭，陷入江郎才盡的狀態。我做了 PDP 測量，發現自己能量耗損值太高，工作過勞身心疲憊引起健康問題－高血壓。

恰巧此時期我遇到克里斯多福老師做生命教練的諮詢，才發現自己跟大部分的經營管理者一樣過於偏重願景的創造與事業的開創——工作領域的過勞，而忽略了私領域的平衡面和發掘自己的身體健康承受力及內心真我的本質和力量。一旦我們這些經營管理者，將生命時間大部份用在事業上的角色成就而壓抑

自己，沒有時間與自己及所愛的人一起，反而會被原生家庭和親密關係的問題困住，就會出現能量耗損值太高的健康問題。

　　直到我們願意面對自己與原生家庭和親密關係有關的負面情緒，並且面對內在情緒的清理和淨化，才能重新喚醒自己的真我，拾回自己的力量，當一個有內在領導力的人。所以，我才會產生先運用 PDP 系統來檢測主管的能量耗損值，成立領袖協會又加入了第二個十年增加探索家人角色的 PDP 耗能量體驗與瞭解，再用克里斯多福的「生命教練」技能來輔導喚醒人生與真理真愛的源頭連結。

　　我希望本書能讓各位讀者從五型領導者的名人與生命教練的案例中，獲得很多突破自己侷限，進而走出自己困境的啟發，喚醒與發現屬於自己真相的橋樑。

領導特質診斷——

猜猜看你是哪種個性特質

美國領導力管理整合系統 PDP（Professional Dynametric Programs），是一門測量每個人天賦特質的行為科學領導管理整合工具，它將人格特質的四個面向——支配性、表達性、耐心性、精確性四個性格特質，做主要的測量標準，將人格特質、天賦才能分成五大類型，分別是：

高支配性的老虎型：具有競爭的、切中核心、掌控與權威的。

高表達性的孔雀型：具有說服力強的、組織的建構者、善於交際的。

高耐心性的無尾熊型：具有堅持的、周全的、可依賴的。

高精確性的貓頭鷹型：具有程序的、有系統的、精密準確的。

高整合性的變色龍型：具有變通、不定的、擅長因應變局。

　　四種人格特性，各有各的天賦才能與行為傾向，如果透過 PDP 測驗，只要在五分鐘內，你可以更精準了解。

美國天賦特質問卷表

這份問卷，是希望知道真正的你，而非工作時的你，將更使你的才華發揮，做好生涯規畫，瞭解自我的天賦特質。

你認為自己是＿＿＿＿＿＿＿的人〈不要考慮別人如何看你〉

※ 請在下面所述之形容詞中，圈選出**你認為自己個性傾向的強弱度（非工作角色及非別人眼中你）**

強度最低	①	2	3	4	5
強度最高	1	2	3	4	⑤

SIDE 1

1. 傳統的 · · · · · · · · · · · 1　2　3　4　5

2. 溫和的 · · · · · · · · · · · 1　2　3　4　5

3. 鼓勵的 · · · · · · · · · · · 1　2　3　4　5

4. 善解人意的 · · · · · · · 1　2　3　4　5

5. 獨立自主的 · · · · · · · 1　2　3　4　5

6. 受人尊敬的 · · · · · · · 1　2　3　4　5

7. 認真正經的 ·········	1	2	3	4	5
8. 慈悲心腸的 ·········	1	2	3	4	5
9. 令人信服的 ·········	1	2	3	4	5
10. 勇敢的 ···········	1	2	3	4	5
11. 精確的 ···········	1	2	3	4	5
12. 有適應力的 ·········	1	2	3	4	5
13. 有組織力的 ·········	1	2	3	4	5
14. 雄心勃勃的 ·········	1	2	3	4	5
15. 害羞的 ···········	1	2	3	4	5
16. 強迫性的 ··········	1	2	3	4	5
17. 鎮定的 ···········	1	2	3	4	5
18. 有膽識 ···········	1	2	3	4	5
19. 反應快的 ··········	1	2	3	4	5
20. 外向的 ···········	1	2	3	4	5
21. 大驚小怪的 ·········	1	2	3	4	5
22. 會說話、話多的 ······	1	2	3	4	5
23. 要求力高的 ·········	1	2	3	4	5
24. 勤勞的 ···········	1	2	3	4	5
25. 慷慨的 ···········	1	2	3	4	5
26. 小心謹慎的 ·········	1	2	3	4	5
27. 令人愉快的 ·········	1	2	3	4	5
28. 值得信賴的 ·········	1	2	3	4	5
29. 熱情的 ···········	1	2	3	4	5
30. 有效率的 ··········	1	2	3	4	5

相關資訊請洽 一

但就文字來看，你可以自我檢視一下，你應該是偏向何者？認識自己的天賦特質，就可以在工作中展現才能，發展自我，做快樂成功的自己。

人的四種特性的模式

事

精確性
(對規則遵循)

支配性
(對事的主導)

配合 —————————————————— 指導

配合性
(對人的配合)

表達性
(對人的主導)

人

一吼天下驚，百獸之王
——老虎型特質

·老虎型領袖特質·

　　此特質佔人口比例 15%，且為先驅導航型的人，支配性高、對周遭環境採取主動、控制慾強、創新、冒險、決策力高、發號施令。

　　老虎號稱為「百獸之王」，不但性格威猛具王者架式，其敢於挑戰，不畏未知的特質，所具的無與倫比力量更是其王者之風的展現，故老虎型人物多可說是天生的領袖人物，由歷史或國際知名領袖人物的個性特質分析中可發現，老虎型佔了絕大多數，其要求最大最好的領導慾、改革創新的個性威力由此可見。

　　中外歷史上知名的老虎型領導者非常之多，美國開國元勳「華盛頓」便為老虎型人物，不願屈服英國不平等的壓榨，甚至面對當時擁有世界上最強大的英國軍隊，他卻絲毫不害怕，過人的勇氣，率領美洲同盟軍抗戰八年終獲勝利，也展現其發號施令的老虎長才。在美國建國後著重聯邦、州政府體制的建立及不戀棧權位的表現，不但令人津津樂道，也充分顯示其領袖遠見。

　　另外同是老虎型特質的鄧小平，其「貓論」建立

中國「四十幾年來」以上經濟發展基礎，開創歷史也使中國在世界展現今成就非凡。

其他知名的老虎型人物還有英國著名的「鐵娘子」柴契爾夫人亦是一位不讓鬚眉的母老虎，她剛毅的個性和精力充沛的特質使她長居英國首相寶座，也因其改革創新的思想作風深獲英國人民及世界各國推崇。

≫ 老虎型族群的比較分析

古今中外的知名女性中，老虎型族群所佔的比例最高。她們最大的特性是企圖心強烈，剛強自信，往往把一雙原本只是「推動搖籃的手」，用來改寫生命，創造歷史。

居禮夫人、柴契爾、宋美齡、兒童教育先驅蒙特梭利、聖女貞德、希拉蕊、賈桂琳、海倫凱勒、武則天、俄國女皇帝凱莎琳等都具有老虎特質，她們在科學、政治、教育等不同領域都有不同的建樹。

老虎型女性對自己的期許很高，成就自我的慾望最強，因此在婚姻中最根本需要的是配偶給予發展的舞臺。柯林頓、雷根、歐巴馬都屬孔雀族群，其面對老虎型的另一半，常以夥伴關係相對待，並且樂於給予發揮的空間，因此夫妻較能相依相惜。

如果同屬老虎型的夫妻，丈夫不但要給予太太空

間與舞臺，實力還要強過太太，婚姻的維繫才不容易出問題，像柴契爾的先生、蔣中正、甘迺迪等都是很好的例子。

其實太太是老虎型的，做丈夫的不管是那一族群，實力一定要很強，才能使虎族配偶信服，否則當老虎型的女性面對能力較低的丈夫，再怎麼講究溝通技巧都是徒然的。

仔細去研究歷史人物，不難發現，很多偉人的母親都是老虎型的，如中國孟母，美國林肯、華盛頓、甘迺迪、羅斯福的母親們，她們對孩子的期望很高，自然的就會提高對孩子的成就標準，如「虎父要求要有虎子，虎母亦同」，就如當代的虎媽們或許就是這麼一回事。

老虎型女性一向都是剛強、先驅前衛、果斷的，很敢有所作為，因此不管在科學、教育、政治各種領域中，常常走在時代的前端，因而出人頭地。在未來競爭日益的社會中，這類的女性，勢必還會有更大的揮灑空間。

愛現愛秀、人群明星
——孔雀型特質

孔雀型領袖特質

佔人口比例 15%，也是另一種先驅型的人，高表達性、外向，善於交際，表達無礙、交友廣闊，注重人際關係、性格和善愉快、同理心強、與高感性外表絢麗的孔雀一向為眾人讚賞的焦點，身為孔雀型人物的領導者也多以出色言談風度、熱情洋溢態度，在世人心中留下深刻的印象；而同理心甚高、也較突出的孔雀型人物，十分適合從事人際導向的工作，尤其在一個推動新思維、需要大家認同的時刻與環境中，表達性高的孔雀族群非常容易脫穎而出，成為登高一呼的領袖，孫中山先生、美國總統——雷根、柯林頓與歐巴馬總統即是代表性人物。

不過孔雀型人物注重人際關係的特質有時也會太過頭而導致太樂觀、太輕信別人，因此造成在人事上與老虎型的快速果斷與會展露權威比較，決策上稍顯優柔或不夠俐落。雷根雖在任內也有些開創性作為，卻在任內最後一年因伊朗軍售案的人事風波，最終只有草草下臺。

美國總統「柯林頓」是一位以帥氣外表、能言善道贏得世人目光的新生代孔雀型領袖。雖然他曾因未參加過戰爭、不斷的緋聞與白水受賄案等而為世人爭議不休，但他仍以優秀的經濟領導，且其任內還完美國政府欠債，及過人舞臺風采活躍於世界政治舞臺，這又是孔雀型人物的另一種展現。

　　眼光拉回到東方，「孫中山先生」也是一位以流利演講、開創作為、迷人風采著稱的孔雀型人物，幼年出國留學的歷練及廣結的人脈，使他在日後開創革命大業時得到不少海內外的援助，而他出色的詞藻、筆鋒使他在推廣革命新思想時也佔了不少表達之便；不過因他出國甚久，在「識人」這方面也並不完全明智，因此一直遭逢軍閥內鬥的困擾，從袁世凱的稱帝到陳炯明的叛變都見其過度樂觀、理想性太重的個性，並且身邊又缺乏強而有力的幕僚為其效力，故觀其一，雖革命成功開創民國，但理想性格太重也造成他較缺乏落實理想，不過整體而言，他還是不失為一位成功的開創型激勵者與精神典範。

≫ 孔雀型族群的比較分析

　　古今中外的知名女性中，屬孔雀型的並不多，可是形象都很鮮明，總是可以帶給大家不一樣的風貌、印象。世界第一夫人——羅斯福夫人、英國的戴

安娜王妃與巨星奧黛莉赫本，她們或許都曾經在人生過程中遇到挫敗，可是當她們有能力來面對及解決挫敗時，卻往往能夠反過來鼓舞激勵別人，重新散發光芒，利用自己最自然的熱情來感染並幫助他人。

以羅斯福夫人為例，她曾經面對過女性最怕的「丈夫外遇」事件，也遭逢丈夫的小兒麻痺事件的危機，自己的潛能因此反被一一激發出來。她早期雖然是藉由第一夫人之便在發揮自己的理想，在丈夫死後，反倒是憑藉自己的實力在歷史留名，是相當難能可貴的。

戴安娜王妃的婚姻故事現在還是世人關注的焦點，她固然有孔雀的迷人風采，也有對人同理心、關懷的孔雀特質，尤其她在心理治療過後，憑藉「本質」自信的站在世人面前，更進一步去關懷、幫助疾苦人們，也是令人感動的女性。

其實由羅斯福夫人和戴安娜王妃的例子，我們不難發現，女人的命運、個性、格局、人生視野、志向，是掌握在自己手裡的。女性有能力做自己命運的掌舵者，從這幾位孔雀族女性的實例中，我們應該會有深沉的啟發。

平和近人、耐心堅定
——無尾熊型特質

·無尾熊型領袖特質·

佔人口比例 20%，其中大多爲「重視絜根與守成」的特質，高耐心、注重和諧、友善平靜、不自私、平易親切、誠懇、可信賴、和諧、很好的聽衆。

無尾熊，是一種溫和遲緩、友善和平的動物，和支配性高的老虎型相比照之下，似乎較不易成爲統領的領袖，但研究中外歷史，身爲無尾熊型的領袖卻也不乏其人，而此種特質的領袖正是以其耐心、毅力展現另一種不同的領袖風格，適合帶領中長期的規劃及守成的時期。

無尾熊型領袖人物中，最爲著名的便是鼓吹不流血革命的印度聖雄「甘地」；相較於多數國家的流血抗爭，甘地悲天憫人兼具愛好和平的個性，使他一方面有感於印度所受不平等待遇而起義，但另一方面卻力推和平作風，以此爲通往獨立自由的途徑，而其耐心的特質，也終能在長年平靜抗爭後開花結果。

耐心性的特質，如甘地非常地平易近人，個人的生活也都以簡單樸素爲最高指導原則，並不特別重視

物質享受，從甘地赤膊坐於紡織機之前的經典形象就能看出。與其高高在上深居大內官邸，他們寧可走入人群親近百姓，探討民隱，就可瞭解無尾熊型的友善與平易近人的特質。

此外，無尾熊型人物雖然較不亮眼，但其堅持到底的毅力卻不容小看，也往往是其成功主因。不放棄，直至最後一刻才會成功是他們的信條，由甘地長年絕食來爭取英國政府的讓步，皆以毅力為對抗外在阻力的主要利器，這種以柔克剛的力量，卻能削金斷石。此外，因為他們的耐心，也較少會衝動行事或只看眼前，較會有中、長期的規劃。

≫ 無尾熊型族群的比較分析

古人有所謂的娶妻娶德，現代的男人也還是會有娶個賢內助的企求。這種具有母德的賢內助，對無尾熊型女性來說，扮演起來是最輕而易舉的。

古今中外的知名女性中，宋慶齡、唐太宗的長孫皇后就是典型的無尾熊型女性。她們對生活要求儉約、樸實、簡單，喜歡反璞歸真，其中90%個性傳統而保守，是最佳的內務管理者。

「以夫為貴」是90%無尾熊女性的信條，因此常常是以扶助老公事業為第一優先。她們擅長以柔克剛，常以溫婉的手法來處理周遭的人際關係；令人有

親切、賓至如歸的感覺，是丈夫在生活、事業上的好幫手。

在無尾熊族群中，90％的大多數是傳統而保守的，另外只有10％具開創特性，就適宜開創演出自己的事業，如印度聖雄甘地、南非第一位黑人總統曼德拉與英國的現代護理創始人——南丁格爾。

看似溫和的無尾熊，沒有老虎的強烈主控力，也欠缺孔雀的耀人風采，更沒有貓頭鷹的精準；以及變色龍的圓融，可是仍可以用中長期的耐力和毅力來實踐和平的理念，所散發出來的光芒，是不下於其他族群的。

要求精確、傳統本分
——貓頭鷹型特質

貓頭鷹型特質佔人口比例 20%，重視紮根守成的特質，高遵奉性、講求精確、要求品質、技術導向、按部就班、傳統、完美主義、拘謹含蓄。

最為人所知的便是「包青天」包公與西方的教宗保羅。通常貓頭鷹特性的人物都較為保守，不喜歡變動，多為成功人物身旁的左右手或技術官僚等，雖然較欠缺開創性，但從另一角度來看便是規矩、有原則，講求程式正義的個性，而包青天能不畏強權、為民申冤，這也是他之所以流芳百世的原因。

而貓頭鷹型的人物同時也以處事嚴謹著稱。同時貓頭鷹型人物因講求精確、有幾分證據說幾分話，因此較不善於表達，傾向安靜思考、追求內在自我實現，這點由包青天少見大張旗鼓辦案，而是以微服暗訪的方式取代，也可見其心思細密及執行力。

貓頭鷹個性的人因具精益求精的特質，也多屬理性的智慧追求者，故傳統士大夫、現代法官、律師、會計師、精算師、建築師、醫師等需要高專業、高知

識、高精確度的職務，或專業事務所等主管多見此種特質的人，開創度相對較爲不高。

》貓頭鷹型族群的比較分析

提到貓頭鷹型族群，總會使人直接聯想到嚴謹、認眞、毫無瑕疵的印象，的確貓頭鷹型女性在生活、工作上的要求就是這樣的完美標準。

葛麗絲‧凱莉是貓頭鷹型女性，她給人的印象一直是外表冷若冰霜，內在熱情如火，對自己的要求向來就是嚴謹的，因此表演總力求完美。在她嫁入摩納哥王室之後，最先是難以適應，但是她卻強迫自己去修正自己，再走出自己新的一片天空。不管是扮演什麼角色，她都力求把每個角色演好。

日本民族是很典型的貓頭鷹型民族，尤其是明治天皇皇后的花道、茶道等更是徹底的發揮貓頭鷹特質，而日本人的太太也大多在扮演貓頭鷹的角色，在家事處理上的一絲不苟就是最好的明證。

貓頭鷹族群百分之百幾乎都是傳統的守護者，她們的外表常常是嚴肅的，這完全是個性使然，可是她們的內在卻也可能是熱情的，只是她們總是很小心謹愼的掩藏住自己的熱情，不輕易坦露自己。

由於對什麼事都力求完美，因此貓頭鷹女性也常常流於吹毛求疵。在未來社會對專業菁英需求日益增

高的情況下，具貓頭鷹特質的女性如果把力求精準的
精神充分發揮在工作事業上，相信也會有很大的發展
空間。

天生多變、適應力強
——變色龍型特質

變色龍型領袖特質

佔人口比例 30% 的中間特質，極具適應力、協調性及配合度高、性情中庸、沒有原則便是其最高原則、迴避衝突、計畫周詳、是天生的外交家。

變色龍一如其名，其迅速反應外在變化的特質最為人稱道，而具變色龍型特質的領導者也具備了極具適應力、生存力、韌性高的特質，在團體中頗具整合能力，同時又具無我精神，通常以迴避正面衝突為其最高準則，可說是天生的外交家，中國歷史上著名的諸葛亮、劉伯溫、張良與美國總統老布希、卡特總統皆屬此等人。

而同為老虎型的變色龍助手，毛澤東的副手周恩來、尼克森的親信季辛吉相較之下便屬高開創性的變色龍，而這種類型的變色龍通常較需開創性也高的領導者才能將其推動，而他們也都很幸運的碰到了開創性高的領導者，圓融的個性也剛好能使權力心重的領導能夠信任他們，可說是絕妙搭配，更可見變色龍型雖處「伴君如伴虎」之境，卻有立於「不敗之地」的

自信。

「周恩來」的變色龍性格剛好與「毛澤東」的威權老虎形成絕妙互補，而周恩來也對自己溫和的主張，在中共槍桿子出政權的大勢下出頭機會小的局面十分清楚，故甘於扮演老二角色，但同時他也可以在外交舞臺上發揮他的長才，利用有限資源，將大陸推往世界強國之林，和他交涉過的人莫不對他有高度評價。

同樣在外交上有傑出表現的季辛吉也有一番傑出表現，所以能一方面得到多疑的尼克森之信任，充分展現季辛吉見微知著、洞悉人性的本事，另一方面季辛吉也因此能在國際外交舞臺上盡情展現，擔當起代表尼克森玩國際牌的大任。季辛吉擅長溝通協調，開創並非其所好，而這方面便有尼克森帶動導航；尼克森不善也不愛交際，而這方面的缺失剛好由季辛吉補足，兩人可說是絕妙搭檔。在台灣李登輝時期，派到香港與大陸談判的密使鄭淑敏女士，與當時唯一鬥贏李登輝的救國團主任李鐘桂女士均為整合型人物。

》變色龍型族群的比較分析

對變色龍來說，與配偶的相處，溝通不是問題，調適也不是問題，問題就在於能否在人生理念、婚姻理念上面取得一致性；如果欠缺這種理念和價值觀的認同，幸福就談不上了。因此變色龍族群的婚姻幸福

與否大多取決於理念認同上面，不像其他族群，除了理念和價值觀的差異問題外，85%的問題是出在溝通上面的個性不同而不能相容。

其實變色龍型族群不止是在婚姻生活上重視理念的契合，在事業上又何嘗不是如此。像諸葛亮爲什麼不爲曹操效命，而對劉備鞠躬盡瘁，周恩來也一直願意在共產黨中屈居第二。基本上都不是能力問題，而是人生際遇及理念上的問題。

變色龍整合能力強，一生追求的是「中道」，行事風格最能達到「無我」的境界，基本上對別人的要求並不過份，因此比起其他族群，能夠與人相處的圓融比例也就相對提高。只要能夠取得理念上的認同感，變色龍型族群在工作、婚姻等各方面就能散發出極致的光芒；有了認同感做爲前提，他們的忠誠度和潛能的發揮，都是不容懷疑的。

內在領導力的挑戰

PDP 人格特質雖然有五大類型，各有特長，好好發揮都能創造領導能力。

但如果你沒有把「真愛、真理」擺在第一優先，你就會卡在恐懼當中，製造出「八大問題」挑戰：如身體健康、生病與面對死亡問題、金錢問題、工作事業問題、原生家庭問題、親密關係（包括夫妻和子女）問題、人際關係（包括上司及屬下與同事）問題、自我認同（包括自我形象和自我概念）問題、成長道路問題──如人生方向，目的對與錯及向外的追尋。

──出自克里斯多福·孟《生命的優先順序》

當我們產生八大問題的挑戰後，就會困在問題當中，苦等問題解決的一天出現。比如說，你困在缺錢的問題，就苦等有錢的一天到來。你困在疾病的問題，就苦等健康的一天到來。一旦問題難以解決，你就會長期卡在這個問題所帶來的矛盾和衝突的感覺裡面。

雖然，你認定自己盡了全力解決這個問題。但只要你將目前的問題與挑戰放在第一優先，問題就會重複出現，你也始終看不到問題背後的真相。除非你

看到問題產生的背景是因爲你把恐懼放在第一優先位置，而把眞愛與接納的眞理體驗放在第二位。

≫ 專注：第一優先「眞愛、眞理、和平、無條件的愛！」

我們往往因爲「害怕和恐懼」，就沒有把最重要的眞理和眞愛當成第一優先，反而把每天遇到的八大問題放在第一，因此，我們一直生活在本末倒置之中。當你覺察自己的當下與神聖性無條件的愛放在第一優先，無條件愛的能量就會協助你更完整的面對八大問題，你不會把自己當成受害者，也不會去怪罪和指責別人，而是喚醒內在無限的力量的方式來把問題消融。

優先次序：

1. 眞理、和平、眞愛。

2. 關係。

3. 問題。

如果在你生命中沒有某些東西，那是因爲你眞的不想要它，你更想要其他的東西。而你不見得會喜歡你要的東西，但是你只要把它擺在第一位，你就會得到它。

──出自克里斯多福‧孟

從 5 種類型動物——

看見古今中外名人的領導特質

我的最大愛好就是閱讀名人傳記,從中瞭解別人如何運用天賦達到生命目的的途徑。而 PDP 則是用來測量天賦的工具,測量每個人的人格特質、工作特質、精力特質與壓力等,一九九二年我將美國 PDP 特質領導的 5 種動物與古今中外成名人物整合,從中不但可與古今中外人物的智慧連結,也可增加「領導力」學習的價值。

老虎型領袖
胸懷大志、勇於創新
蘋果創辦人賈伯斯

▶ **特質：** 充滿自信、胸懷大志、勇於冒險和創新，旺盛企圖心和強烈競爭力，並且具有做大事的魄力。

▶ **優點：** 管理強勢有力，身先士卒勇往直前。

▶ **討厭：** 在領導方面，不喜歡拖泥帶水猶豫不決的人。

▶ **害怕：** 同樣一件事，被人不停催促。

▶ **激勵點：** 就是愛求勝。

賈伯斯是具有開創性特質的老虎型領導者。他的支配性和掌控特質最高，他非常的勇敢，具有強制力，要求力也很強。他只做自己熱愛的產品，而且是要自己可以完全掌控的產品。他很直接的要做出符合自己遠見的原創性產品，那就是將科技、人文與藝術做垂直的整合。

　　他是天生的組織者，會去帶動和整合所有科技與藝術設計的優秀人才，來完成既有高科技又有藝術美的產品。他的鼓舞性很強，為了自己想要完成的完美產品，就算工作團隊認為這是不可能完成的任務，他都會全力以赴，用無限的熱情與信任，來鼓勵工作團隊完成這個看似不可能完成的任務。他很敢冒險，有敏銳的市場眼光，行動力、執行力、競爭力和決斷力也都很強。

　　但他性子很急，缺乏耐心，不能容忍平凡的人。他創立的蘋果公司的願景就是「不同凡響」，這是他對自己的身份認同，也是他對蘋果團隊的要求。他追求完美，不斷更正和改善所有不完美的地方，而且節奏快速，對工作團隊也強迫性的要求做出完美的產品。即使這讓別人覺得他很衝動、很強迫性、很粗率、很無理，他也無所謂，因為他是結果導向，只在乎做出完美的產品。

　　他走在時代的前端，可以看出整個時代的趨勢與方向。他非常的獨立自主，思想也很開闊，有很大的

創意與彈性。他也是非傳統的、好爭論的，會很強制的要求別人，卻不願意受到別人強制性的約束。他會挑戰傳統的遊戲規則，用更自由的思維，確認自己想要達成的目標。

他的決策特質是屬於感覺型，強度是一般人的好幾倍高。所以，他憑著強烈的感覺，發展出很高的敏感度、直覺力。他用自己的直覺，認為科技產品要做到人性化，讓小孩用直覺就能玩，所以他會運用直覺、藝術和經驗來做最後的決策。他也會用自己在科技、人文與藝術方面的敏銳度，對產品提出高標準的要求，產品若是有任何的瑕疵，都無法逃過他這關。

他的完美要求對產品使用者很有利，但對工作團隊內部能力不足或信心不足的同事，反而會造成非常大的壓迫感。

在「內部人際關係上」，他的高標準也不接受這種人在蘋果工作，他只要有實力的 A 咖。只尊敬與關注有自信心和能力強的部屬。

再來看他的工作特質，他的爆發力指標最高，自發性很強，臨場感很豐富，機動力也很強。在他的領導下，蘋果公司每一週都有三個小時的週會，把工程部、設計部、行銷部、財務部……的一級主管全部找來一起開會，處理目前最重要的事，並扔出很多高挑戰性的題目，讓各部門主管最後能建立一個結論與共識，絕對不允許各部門搞本位主義，各自為政。他

第二高的工作特質是策略指標，他注重所有宏觀的策略，針對蘋果的定位絕不妥協，而且會深思熟慮。他的工作特質在事務性指標上最低，無法忍受規律性的日常工作。

所以，他專注的把自己的優點極大化，不斷創新，不斷創造新價值，不斷從蘋果使用者的角度來檢驗所有的產品是否落實蘋果的精神。他開蘋果專賣零售店，就會去現有市場相關的百貨店與專賣店現場一一考察，評估好壞成敗，然後找出最適合蘋果形象與使用者的生活型態來做決定，而不是在辦公室內紙上談兵。

從在二〇〇四年七月動完胰臟癌手術後，到他往生這七年的時間，是他人生中創意最高峰的時期。他的心智能量在人口頂尖的位置，永不認輸，永不放棄。他有很高的企圖心，會用「不同凡響」的高標準，將自己的心力集中在最愛與最重要的活動上面。

從人格的特質而言，他是右腦理性，具立體思維的人。他同時擁抱人文、科技與藝術，也敢特立獨行，並具有堅毅不拔的性格，一定要做出具有像雕刻藝術完美品味一樣的高科技產品。他具有對電子業的熱情和對科技價值的瞭解，他同時又具有藝術家的敏銳度，成功的將蘋果產品推廣到所有老中青幼身上，成為二十一世紀創新的天才。

≫ 從生命教練的角度來看他人生的八個挑戰

第一、在金錢挑戰上，他這一生從小到大都沒有金錢的恐懼，他能夠運用天賦影響養父母，讓他去念他所要的學校。第二、在事業挑戰上，他自二十一歲大學未唸完就開始創業，在他二十五歲蘋果上市時，他就已經成為億萬富翁。即使他在三十歲被迫離開他所創辦的蘋果公司，他身上還有上億美金的財富。

三十一歲又投資了皮克斯動畫公司，將皮克斯的動畫製作成好玩又能賺錢的工具，更與迪士尼企業結合，創造更高的新價值。當皮克斯團隊的創意價值大量提升後，他也成為美金十億以上的富翁，皮克斯團隊成員的收入也大量提升。他自己的熱情與他所做的產品密不可分，他將蘋果的硬體及軟體與藝術和娛樂完全整合成一個整體。

他的創新特質、領導力和價值觀，不斷為他自己賺到豐富的金錢，也為他創造了兩個世界上最有價值的公司：「蘋果與皮克斯」。

他這一生（一九五五－二○一一年）除了擁有蘋果與皮克斯兩個全世界最有價值又好玩的事業之外，也擁有最優秀的工作團隊。他為了建立一個改變世界的事業，必須完成老虎型的兩項學習任務：一個是參與團隊運作，一個是對部屬授責也授權。在三十歲以

前，他只授責而不授權，造成公司內部不信任的緊張氣氛，而被逼迫離開他自己創辦的公司，等他第二次再回來蘋果的時候，他就完成自我提升的考驗。

第三、在自我認同的挑戰與第八成長道路追尋的挑戰上面，蘋果的產品、團隊文化與價值就是他自我身份認同的代表。賈伯斯說這一生對他最重要的事情就是在有生之年於宇宙中留下一個印記。這也是中國人所說的生命三不朽裡的「立功」，他整合人文、科技和藝術，改變了老中青幼三代人的生活與工作的內涵，也真正改變了世界。

第四、在他與父母親關係的挑戰上面，他與養父母的關係基本而言非常好，他們非常珍愛賈伯斯，也瞭解他與眾不同的特殊和卓越之處。賈伯斯的人生起點較為複雜，他有兩位父親和兩位母親，但這也是他生命中最大的推動力。賈伯斯很小的時候就知道自己是被領養的，養父母也從來沒有隱瞞他這件事。而且，他記得很清楚，他在六、七歲時跟鄰居的小女孩說他是被領養的，鄰居的小女孩問他說：「你真正的爸媽不要你了嗎？」。賈伯斯回憶說：「那一刻我真正有五雷轟頂的感覺。我還記得我哭著跑進家門，養父很認真嚴肅的看著我的眼睛，一個字又一個字的重複了好幾遍，不是這樣子，你是我們特別挑選的心肝寶貝」。所以，「被遺棄」、「被挑選」和「最特殊的與眾不同」這幾個概念一直成為賈伯斯人格中最重要

的元素，也造成他有時完全的自我獨立，有時又認為自己是個孤兒。

這件事不僅影響他的自我認同與看自己和世界的角度，也在他內心留下很深的傷疤。他的老同事說：「賈伯斯不管做什麼，都希望自己能夠完全掌控，這種掌控和他一出生就遭遺棄有關。」這也讓我們看見了在他的驅動力下面，具有深深的不安全感和恐懼感。他大學休學後，與最好的朋友說到：「被親生父母拋棄的事，使他變得更獨立。」冥冥之中更巧合的是他也和親生父親一樣，在二十三歲時和女友生下了第一個女兒——麗莎，他又將遺棄的事件歷史重演了。他的前女友，也是麗莎的母親說：「凡被拋棄者，總有一天也會拋棄別人。」

其實生而為人，不管是養父母或是親生父母，只要父母的行為不符合自己的期望，就會讓我們覺得有被拋棄的感覺。與此形成強烈對比的是，他的養父母讓他覺得自己很特殊，很與眾不同，十分受寵。賈伯斯說他的養父母才是他真正的父母，親生父母只是提供精子和卵子而已。他覺得自己的生父就像是精子銀行的捐精者，因此他一生都不願意見他的生父，將自己的感情從親生父親這邊完全抽離出來；雖然，他後來有承認生母和妹妹的存在。但他轉而去不斷追求更高的特殊性，把自己置身在很大的壓力之下，無法輕鬆享受自己的成就。

養父對工藝的專注也給賈伯斯留下不可抹滅的烙印。他養父教他好的產品在別人看不到的細節上面，也會做得盡善盡美，他完全接受這一點。這也造成後來所有蘋果的產品設計都很巧妙，又美麗又精簡，容易上手，價格又合理，讓人感覺非常良好。蘋果所有的設計理念皆是根源於此，他不被名利驅動，完全是用最盡善盡美的內心尺度，來要求自己與團隊做出完美的蘋果產品。

　　就賈伯斯另一面來說，他唸大學的時候，學費很貴，花掉養父母多年的積蓄，這讓他內心非常不安，有很深的內疚感。他不讓養父母進入校園，也沒說再見，就自己跑掉了。後來他說：「我一生不夠體貼，傷了養父母的心。」其實他的內心寧願當個孤兒，也不想讓人知道他是有父母的孩子。那種感覺在他的心頭留下很深的烙痕。他覺得自己很羞恥，且永遠無法忘記那一刻。賈伯斯這種既敏感又冷漠易怒的性格，讓他終其一生都有與人疏離的孤傲味道。

　　他在第八「成長道路」追尋的挑戰上面，他小時候和養父一樣都是基督徒，有一天他看到非洲的小孩只有皮包骨，就去問牧師「上帝都知道這些事嗎？」牧師說：「上帝確實知道這些小孩的事，這是他們的命運。」他對牧師這個回答很不滿意，從此就不再相信神了。他轉而開始研究佛教與禪宗。他認為宗教不是一味的要求教徒依循教規，應該注重靈性的體驗。

賈伯斯認為真理只有一個，每一種宗教都只是一扇門，只要你打開門，都可以進入房子。他相信每個偉大的宗教都是在「挖掘人們內在的神性，讓人們向內探索，激發出內在的熱情」。

他這一生都在追求「自我實現」。他對禪很投入，尤其它是禪宗的極簡美學，對他有很深的影響。賈伯斯說：「我開始瞭解直覺和頓悟，要比抽象思考和邏輯分析來得更重要。」但他也承認自己無法擺脫執著，他雖有禪慧，但內在還是不夠平靜，對人也不夠柔軟。他的熟識說，他在十八歲時還很內向，不喜歡引人注目。

在他與子女的關係上面，他對他的兒子最重視，和兩個親生的女兒關係就很疏離。他和曾被他拋棄的女兒麗莎關係也是時好時壞，挑戰很大。

他在事業與自我認同上，他曾提到像畢卡索所有創意的點子是偷來的，如彼得聖吉認為「所有人類的點子都是站在巨人的肩膀上」。但是賈伯斯將科技和人文整合，在藝術和音樂方面當時有許多人在盜版，他認為智慧產權必須基於公平交易的原則，不然所有有創意的人都會無法維生。所以，他把 iTune 打造成一個公平交易的平臺，並取得當時最大的音樂業者的信任，由他來整合所有的音樂商品，

讓蘋果事業更上一層樓。他同時也將蘋果電腦中「電腦」這兩個字拿掉，成功轉型為整合音樂界、

數位電腦界與電影業界的蘋果公司。他在走之前的五、六年期間，將 iTunes、iPod、iPhone、iPad 等六大產業的革新全部完成。也完成他所追尋的道路：改變世界。

　　他在面對第七項身體疾病與死亡的問題上面，就如同他對史丹佛大學畢業生所說的「生命有限，人生終有一死」一樣，他學習與死亡當朋友，而非敵人。他每天為準備死亡而活，他將每一天都用來做生命中最重要的事，將他的熱情與創意都發揮在他最愛的蘋果舞臺上面。所以，他死前的五、六年反而是他這一生最大的創作期。「生命有限，更要做自己熱愛的事」，他在面對死亡的最後兩年，才真正走出他身分認同的特殊性與他感到被原生父母遺棄感的黑暗面，同時也更接納和欣賞自己與太太和子女的關係。所以，他每一天不僅會專注做自己最熱愛的事，也開始會專注的與自己最愛的人相處。

孔雀型領袖
世界第一夫人愛莉諾·羅斯福

▶ **特質：** 爲弱勢群體帶來希望與溫暖；平易近人，
親和力極強，無論何時何地都能很快與人
們打成一片；站在政治舞台上自然散發魅
力與光彩。

▶ **優點：** 喜歡互動，能言善道，竭盡所能説服他人。

▶ **討厭：** 條文式的工作，同樣的工作做三天就想離
職。

▶ **害怕：** 沒有發揮的舞台，名聲掉落。

美國前總統歐巴馬的競選團隊曾把小羅斯福險中求勝的成功經驗，當成歐巴馬尋求連任範本。

　　羅斯福在大蕭條期間，以「爐邊談話」的方式，透過收音機的廣播來鼓勵美國的人民不要因為一時的困苦而氣餒，政府會和人民一起渡過難關。當時，他說出一句名言：「我們唯一必須害怕的是害怕本身。」

　　羅斯福原本是被老虎型特質的媽媽安排好競選總統之路，直到得了小兒麻痺症，才被媽媽放棄。羅斯福面對人生這個健康問題，經歷了無力感、無價值感和被遺棄感這三種不舒服的痛苦感受，陷入了人生最低潮。

　　還好，羅斯福的太太愛莉諾是孔雀型特質的人，她的天賦優點就是激勵人心，往人生的光明面看。她鼓勵羅斯福不要放棄夢想，先做好復健再說。然後，愛莉諾站出來，代夫出征，幫羅斯福到各種女性團體去演說，為她的先生發出鼓舞女性提高自我價值的聲音。

　　因此，羅斯福得到太太的鼓舞力量，終於成功面對內心黑暗的陰影，變成鼓勵型的政治家，堅持永不自我放棄的正面信念，在大蕭條與世界大戰期間，羅斯福連續當選四屆美國總統，在美國人民心中持續點起希望之光。

　　愛莉諾本人在羅斯福健康時期，面對先生的外遇，也經歷了無力感、無價值感和被遺棄感這三種不

舒服的痛苦感受。她透過「撰寫專欄」，來重建對自己的自信心。

　　這一對偉大的夫婦都曾經面對與走過自己人生內心最黑暗的時期，然後各自活出自己精彩的政治生涯。羅斯福在執行新政期間，除了讓美國的經濟整個動起來，還通過了「社會保障法案」，為美國建立社會安全體系，為老人、窮人和病人提供經濟保障，讓人們真正有了「免於恐懼貧窮」的保障。艾莉諾也代表美國出任聯合國大使，並以熱情來激勵與整合所有的同事，完成了「世界人權宣言」──人人生而自由，在尊嚴和權利上一律平等。

　　美國的小羅斯福總統夫人，愛莉諾・羅斯福女士，不但能在丈夫生前活躍於美國的政治及社會舞臺，丈夫去世後，甚至還能活躍於世界舞臺。她一生的非凡成就，來自個人的信心與意志。她是個美國人心目中永遠的「世界第一夫人」。

　　雖然一生只當了十二年的美國第一夫人，愛莉諾・羅斯福卻以實際的作為贏得「世界的第一夫人」的美譽。她的光芒最早雖然是藉著丈夫羅斯福總統而點燃的，但是終其一生的光與熱，卻是憑藉個人的魅力而散發出來的。

　　愛莉諾・羅斯福一生最大的成就是推動並促成聯合國通過「世界人權宣言」。這項宣言猶如全人類的「大憲章」，基本精神強調的是正義、平等、自由、和

平等概念，其實這些概念與精神正是愛莉諾·羅斯福一生行事的準則與追求的目標，也是孔雀型族群最常奉守和堅持的主張。

愛莉諾·羅斯福是不是屬於孔雀型族群，從她的行事作風就可以得到印證。她溫柔體貼，富有同情心；關心窮人、弱者及被壓迫者，為弱勢群體帶來希望與溫暖；她平易近人，親和力強，在任何地方都能很快與人們打成一片；站在政治舞臺上自然散發魅力與光彩。這些固然都是孔雀型族群的個性特質，但是還有一項更重要的特質就是，孔雀型族群永遠把他人視為夥伴，愛莉諾·羅斯福面對外遇的丈夫，就是以事業的夥伴關係為基礎，她一生中都是很淋漓盡致的揮灑這項特質。

愛莉諾·羅斯福在羅斯福總統生前活躍於美國的政治及社會舞臺，在丈夫去世後，甚至還活躍於世界舞臺。看她散發出的熱力，實在很難想像，她在小時候是多麼的沒有自信心與安全感，並且常壓抑自我。

》 羅斯福總統夫人的童年

雖然出身高貴富有的上流社會，愛莉諾·羅斯福的童年並不快樂。她母親高貴卻不可親，而且在她剛滿八歲時，就去世了。父親雖然令她崇拜，可惜是個酒鬼和花花公子，在她十歲時也過世。幼年失恃之

外，她一直認定自己長得很醜，使得她一直有遭到拋棄、沒有受人疼愛的感覺。或許是因為自己「不幸的童年」，使她特別渴望得到別人的愛，因此在她有能力去關懷、關照別人時，對所有那些寂寞、貧困、受到排斥的人們，特別感到親切，而給予特別的關愛和支持。

愛莉諾・羅斯福性格的轉捩點是在她十五歲，被送到英國倫敦市郊小型女校上學時。當時她受到一位生氣勃勃、精力充沛的教師蘇維特小姐，開放式、啟發式教學影響，才慢慢擺脫過去備受呵護、鬱鬱寡歡的陰影，進而日益成熟、獨立思考。

一個人日後的成就是否非凡，往往與個人的志向有很大的關聯。愛莉諾・羅斯福受教於蘇維特時，老師向她灌輸的觀念是：「改善這個世界，人人有責。」也就是有這一層的影響，奠定了她往後致力於追求並促進世界正義、和平、平等的實現。

在倫敦女校就讀，使愛莉諾・羅斯福很快的發現，她是受人喜愛和歡迎的，而且自己的性格具有使害羞女孩子覺得「自在」的本錢，這使她自信心大增。而對自己自信的提升與個性的瞭解，開始啟迪了她獨特而迷人的自然本性──孔雀特質。

蘇維特小姐帶給愛莉諾的影響還有一項，就是啟發了她到國外旅行的興趣；而到國外旅行也使她學會了三種外國語──法語、義大利語和德語，這對她日

後的外交生涯的開拓有很大的幫助。

≫ 從結婚到婚變

　　愛莉諾後來嫁給了遠房堂兄富蘭克林・羅斯福。當時的羅斯福很聰明，對政治雄心勃勃，他一直希望愛莉諾可以幫助他在政治世界出人頭地。而在四十年的婚姻生活中，愛莉諾的確也充分展現她的孔雀特質與魅力，為羅斯福總統提供了不少助力。

　　早期的婚姻生活中，愛莉諾完全和其他上流社會的少奶奶一樣，生小孩、參與慈善活動或去聽聽藝術方面的課程，她雖生活富裕卻很空虛。這種情形直到她受到第一次世界大戰的震驚，並歷經婚變後，才真正的轉變，積極奉獻心力去鼓吹世界和平，全力投入了和平、民權和婦女運動中。

　　具有孔雀特質的人，善於以夥伴關係待人。為了不傷害丈夫的政治生涯，愛莉諾在面對婚變時，把婚姻伴侶轉化為政治上、生活上和工作上的親密夥伴，這是孔雀型族群與生俱來的特點。愛莉諾私下曾對她的朋友兼傳記作家約瑟・拉希說，婚變使她「第一次真正面對自己的環境和自己的世界」。而愛莉諾原本是個性堅強、風度高雅的女性，也因為婚變的歷練，使她變得更平易近人，原先一些上流社會的忌諱和偏執也因此消失，從而開始發揮她孔雀的迷人

特質。

» 真的站起來

　　婚變後的第三年，是愛莉諾人生的一大挑戰與
轉換點。富蘭克林·羅斯福這時罹患小兒麻痺症。面
對這樣的打擊，愛莉諾擱置對於羅斯福外遇問題的爭
議，用冷靜和寬容的心態，說服殘疾的丈夫重返政
壇。由於政治為他一生的最愛，她鼓舞他，不因身體
的瑕疵而改變人生志向，不向現實低頭妥協。為了丈
夫重返政壇，她也不得不挺身而出，為富蘭克林競
選，甚至成為丈夫的「政治代表」。愛莉諾形容自己
「真的站起來了」，而紐約時報的評論，也證明愛莉諾
已經長大成為「一位非常聰明能幹的政治家」

　　富蘭克林·羅斯福是在罹患小兒麻痺七年之後重
返政壇，並當選為紐約州州長，四年後並坐上了美國
總統寶座。這時候的羅斯福伉儷，著實是一對絕配。
而在這樣的夫妻搭檔組合中，愛莉諾是徹底發揮她孔
雀的特質，時常激勵羅斯福總統，敦促他多設法幫助
那些貧窮困苦的人。而愛莉諾也是總統最倚重的對外
代表和連絡人，凡是總統雙腿無法負荷去的地方，或
抽不出時間來，就請愛莉諾這位受歡迎又能幹的第一
夫人前往。此時，愛莉諾不但是總統的雙腳，更是總
統的耳目，行走國內外，為總統帶回私人報告。

愛莉諾的作為只要一不小心，就會流於干政的醜
聞，但是愛莉諾機智、敏感，行事準則總是是停留在
總統所定的範圍以內，因此在丈夫及國人眼中，愛莉
諾的形象一直都是樂於助人及富有同情心的，尤其她
對貧窮困苦等弱勢大眾的同情與支持，公開反對種族
歧視，使她的形象一直是清晰突出的。

» 迷倒社會大眾

　　除了具有孔雀特質外，愛莉諾也是一個不喜歡奉
守傳統規範和制度的女性。在她那個年代，第一夫人
始終是躲在幕後，款待外國嘉賓，監督白宮的內務。
愛莉諾的作風卻截然不同，一直以獨立的態度，企圖
擺脫通俗及不必要的束縛，積極投入公開的政治舞
臺，散發出孔雀迷人的魅力。

　　而過去的第一夫人總是遠離民眾，高不可攀的。
愛莉諾卻不然，她講究平等，對任何人都以平等的夥
伴關係視之。身為第一夫人，愛莉諾對待大人物和小
人物的方法始終如一，直話直說，絲毫不做作。她雖
然出身世家，有錢有名氣，可是卻喜歡與人們打成一
片，以實際的接觸去瞭解人們的恐懼與希望，並藉由
第一夫人的資源去幫助別人。她喜歡在公共汽車和火
車上和民眾攀談，就像與其他國家的政治人物談判一
樣。愛莉諾的孔雀特質——平易近人和親和力，正是

社會大眾對她著迷的主要原因。

除了親切、熱誠的孔雀特質外，愛莉諾還有一項特質是——善於在事件現場展現活動力。這項臨場特質讓她在美國國內勇於深入抗議群眾之中；第二次世界大戰期間，日本偷襲珍珠港後，她更是親自巡視美國各大城市，而後又日夜不停的奔走於各盟國間，鼓舞民心士氣，甚近還接近戰線。愛莉諾平日固然熱愛和平，當戰爭爆發時，她也充分發揮了自己的影響力，支持世人為保衛自己的國家而在戰爭方面所作的努力。

一九四五年，在愛莉諾六十一高齡之時，羅斯福總統突然去世了，悲痛之餘，她只簡單的說：「戲唱完了！」其實，愛莉諾的好戲此時才正式開始。去除了第一夫人的頭銜，愛莉諾恢復了自我的真面目，誠然又是她人生的轉捩點。在往後的歲月中，愛莉諾的名聲不但沒有降低，甚至變得更加顯赫。

》推動「世界人權宣言」

在富蘭克林・羅斯福去世八個月後，愛莉諾應杜魯門總統任命為聯合國的美國代表。在聯合國，她被分配到第三委員會，負責處理人道、社會和文化方面的問題。

第三委員會後來成為爭論最激烈的地方，愛莉諾

日夜不停的研究檔案，出席會議，與各國的代表熱烈溝通。她集魅力、熱情與實幹苦幹的精神於一身，使大家都尊敬她、喜歡她。

爾後愛莉諾又加入了另一委員會，負責草擬人權宣言。剛開始，她內心充滿了不安全感，懷疑自己沒受過正規的大學教育，不夠資格擔任這個工作。但是後來她充分展現孔雀特質，熱情的與人溝通，深富同理心去瞭解不同族群的立場，事實證明，她這方面的長才遠比周圍那些博學的學者和知識份子有用多了，甚至躍升為這個委員會的領導人。

透過愛莉諾耐心又賣力的設法化解各國代表之間的爭論，人權宣言終於在一九四八年表決通過。當時年已六十四歲的愛莉諾心裡也明白，人權宣言如果沒有以某種方式付諸實施，對任何人都不會發生作用。但事實上，人權宣言那種富有道德意義、切合實際需要的訊息，是在無形中發揮了影響力，而大大改觀了這個世界。

≫ 絕不放棄生活

年齡的增長，並沒有因此減低愛莉諾的熱情與活力，即使在六十好幾和七十出頭的歲月中，愛莉諾依然到世界各地去旅行。無論她出現在那一個地方，都會被人視為世界的領袖，而她每到一處，也總是會散

布溫暖的資訊，並強調和平的必要。

　　愛莉諾晚年的活力，在她的一段談話中充分展現：「不管年紀多大，我絕不甘心躲在壁爐旁邊的角落裡乾瞪眼。生活要活得有意義，求知慾必須加以保持，我們絕對不能為了任何理由放棄生活。」

　　愛莉諾死於一九六二年，享年七十八歲。生前曾被提名為諾貝爾和平獎候選人，提名的理由最足以描繪這位美國永遠第一夫人的信念：「她最大的貢獻，是她能鍥而不捨的實踐自己對平等的強烈信念。她不認為任何人只因為自己是婦女、兒童、外國人、窮人或喪失國籍的難民就應該吃苦受罪。」

無尾熊型領袖
追隨內在聲音德蕾莎修女

▶ **特質**：態度嚴肅而不古板，感情濃厚而不外放，
　　　　　個性溫和而穩定，安靜而害羞。

▶ **優點**：服務人群，只要您願意分享，無尾熊型的
　　　　　人絕對是樂於傾聽的對象。

▶ **討厭**：行事莽撞無禮不夠體貼的人。

▶ **害怕**：穩定是她最大的特色，不太接受突如其來
　　　　　的改變。

現今社會貧富差距大，過去二十年來假藉宗教之名而掠財事件層出不窮，代表人們在這未知的時代，寄託宗教追求內心的平安喜樂是很強烈。

　　而在宗教界「內在領導力」的典範人物爲德蕾莎修女。她在宗教慈善事業領域，投入她的一生，她敢擺脫一般天主教服務的中產與上層社會人士，她奉獻愛的對象是在世界各角落底層、最窮苦赤貧的人與將死於絕症又被社會親人遺棄的人因而成爲超越宗教的慈悲代表人物，也是國內很多宗教大師啟發的典範。

　　由於她使命對象與舞台乃在「愛」，她的源頭來自「耶穌」。這是她生命意義內在的聲音，因此對世間貧病苦痛者能完全感同身受，敢在印度教盛行的國度中做別人不敢也未曾做的事，聽從內在聲音的召喚後，她自一九五〇年到一九九七年，四十七年間只照顧窮人、愛滋病患及沒有希望能獲得健康的兄弟姊妹，爲所有深受苦難與最需要愛與關懷的族群，先後成立安寧之家，服務最貧苦最不幸的人，收容醫院不願收容的垂死病患。

　　愛、和平、團結和喜樂，她將事業發展到世界各地，判斷自己能爲別人做什麼，然後立刻付諸於行動。當一九八五年，她站在聯合國，聯合國秘書長介紹她時，是用「世界上影響力最大的女人」她是當之無愧。

　　她一生奉守的準則「從服務窮人身上獲得精神上

真相的力量——喚醒內在真相 激發潛在領導力

成長，讓我們的工作能帶來愛、和平團結和喜樂。」而成為宗教界典範人物的德蕾莎修女，因對世界的貢獻於一九七九年獲得諾貝爾和平獎，在一九九七年辭世，二〇〇三年列為天主教的真福名單。

　　她內在驅動力的來源，在他的教練神父公布數十年來他所有親筆信的內容（為天主教內申請封聖必要的證詞與文件證明），「她內心世界的過程」包括其內在的聲音與落實使命激情的內心世界，幾十年的試煉與誘惑及精神演變的真實內容，包括他五十五年來，他全不拒絕耶穌的任何要求。

　　黛安娜王妃因婚姻的創傷，感受很深的背叛而得厭食症後，先後有身體與心理不同專業的療癒師，其中她最臣服的德蕾莎修女告訴她：「要治癒別人，則必須自己先吃苦。」

　　她因此受惠蛻變，自己出生皇室，血統貴族成份的族譜還比查理士王子深遠，但從小父母離異，嘗過心碎被遺棄的感覺，一結婚沒多久就發現老公外遇，精神層面受的創傷，讓內心長期的折磨。於是她先治癒自己，將其自我身份認同釐清，投入喜愛的慈善事業再度展現光芒，她給出她的愛，擁抱安撫愛滋病患使人動容，她用自己生命的苦難蛻變，豐富了自己的生命，也更了解生命本質。

　　德蕾莎修女給黛安娜王妃的教練引導，是她自己生命的體驗，宗教教義相信任何人都是受神的計畫

來到地球成為人，人生而平等。耶穌說你們要安慰，安慰我的百姓，而他自己感應被召喚乃是為了安慰最貧苦被社會遺棄的百姓，成為神職人員的她自己得到啟發，作為安慰的使者，你自己必須受過訓練，否則不足勝任。這種訓練的代價極大，學習安慰的藝術，你自己必先受傷才能了解，如住在醫院的病人，當醫師替你洗滌、消毒、抹膏、包紮創傷的時侯，你就可學習初步的救護，她由天主教的內規中申請到執行她的使命，先後花了四年的等待時間與一年學習護理的工作，並以平民身份進入社會底層與最貧困的百姓生活在一起，去體驗並同理他們的苦，進入他們內心最苦難。

由她親筆信的內容，她的言行一致更顯示其「內在領導力」是宗教人物的典範，她本人是寧願默默無聞且認為自己只是「天主手中的一支鉛筆」，並深信天主是利用她的「卑微」來展現它的偉大。她總是將大家的注意力轉向天主和「她的工作」，在赤貧之人當中所做的事，她從不居功也從不神化自己。

德蕾莎修女隱藏不了他對窮人的貢獻，但她隱藏非常成功的是她與天主交往中深不可測的一面。她堅決不讓世人看見藏於心中愛的秘密，從這些親筆信中，由受到天主召喚到執行願景，我們有機會深入了解他豐盛的內修生活與這股堅持力量。

如她說：「若我有一天成為聖人（天主教內頂尖

典範），我一定會是「黑暗」的聖人。我將長期不在天堂，而在地上為活在黑暗中的人亮起他們的光。」這是他的「使命宣言」，她生命的目的，即為耶穌要求「來作我的光」，她盡力成為天主聖愛的光，照亮生活在黑暗中的人。即使這使命代價，使她自己陷入「可怕的黑暗」，也勇敢面對各種磨難與痛苦，這是實踐使命所付出的代價。

貓頭鷹型領袖
完美女性典範葛麗絲·凱莉王妃

▶ **特質**：凡事奉守制度及規範，小心謹慎甚至是吹
毛求疵，精確穩健，喜歡規格化、條例
化，給人的整體印象是含蓄、可靠的。

▶ **優點**：不隨意下決定，事先計畫重分析，一切都
在掌握中。

▶ **害怕**：別輕易責備這型人，被罵一句會放在心裡
好幾年。

每個年代都有當時完美女性的典範，從一九五〇年代至今，葛麗絲‧凱莉一直都是完美女性的典範。她是如何做到這一點呢？葛麗絲‧凱莉雖然具有高貴和典雅的絕色美貌，但她並不太注重外在的打扮，反而非常注重傳統的美德，尤其是在做事負責盡職這一塊。因此，她不僅成為非常敬業的女演員，後來也成為非常盡責的摩納哥王妃。

　　就像日本明治天皇的皇后推廣「茶道」和「花道」一樣，葛麗絲‧凱莉也在摩納哥推廣花藝與園藝，替整個摩納哥建立美的氛圍。明治皇后和葛麗絲‧凱莉都是貓頭鷹型的人，具有謹慎小心的理智頭腦，凡事會預先做精確的分析，並且用最專業化的態度，來做最完善的處理。因此，她們兩人可以用有制度和有規範的推廣態度，把「美」的氛圍推廣到國家的每個角落。

　　葛麗絲‧凱莉的風采光華舉世知名；她的一生，除了貴為王妃，有絕世的美貌，其實她另有世人鮮知完美的一面。

» 好萊塢的「熱冰」

　　葛麗絲‧凱莉生前追求完美，是個理想主義者，而她留給世人的形象，也始終是完美的，至今無人能及。葛麗絲‧凱莉的朋友曾經這麼形容她：「葛麗絲

是個敬業樂群的人，不論她從事何種行業：模特兒、演員，甚至當了王妃，她都能把分內的職責做好，達到應有的標準。」綜觀葛麗絲‧凱莉的生平，不管她對演藝工作的執著要求，或是她的謹守分寸、穿著打扮等等，都不難發現，她是具高感性的貓頭鷹型族群。

貓頭鷹型族群，表現出來的個性特質及行為模式常常是奉守制度及規範的，小心謹慎、精確穩健甚至是吹毛求疵的，凡事喜歡規格化、條例化，給人的整體印象是含蓄、可靠的。基本上，葛麗絲‧凱莉大體上也具有這些特質，但是她是高感性的，人生發展又是在藝術圈內，因此呈現出的行為模式也就帶給大家另一番的印象。

葛麗絲‧凱莉的貓頭鷹特質，表現在工作上的就是在表演時追求深入且無瑕疵的境界。但是她的態度溫和、沈著、謙虛，不喜歡把自我意志強加於人；與人合作時，不會帶來壓迫或威脅感，這使她一直擁有溫和、和平的人際關係，也一直給人溫柔、古典和具女性味的完美形象。

其實葛麗絲‧凱莉對人雖然是很溫和，但她具強烈的貓頭鷹特質，這類族群凡事喜歡做精確的分析，而且喜歡擁有個人的私密空間，對朋友的選擇相當慎重，行事風格是非常個人化的，因此不易接近，這也是葛麗絲‧凱莉固然受人歡迎，但看起來卻高不可攀的原因之一。在好萊塢，人們稱她是「熱冰」。也就

是形容她外表冷漠，內心卻熱情如火。

　　葛麗絲‧凱莉雖然在演藝界發跡，進而躍入摩納哥的王宮貴族行列，可是她的家人卻都喜歡以老虎的雄姿，在運動競技場上追求勝利的快感，唯有葛麗絲‧凱莉受她的喬治叔叔影響，在演藝界求發展。

≫ 知道什麼時候該做什麼事

　　從小開始，葛麗絲‧凱莉就是保守而謹慎的，小小年紀，不管選擇做什麼事，就要做到最好，她不管是用乾花做個美術拼貼送給朋友，或是組織個紅十字慶祝會、收藏紀念章、照片等東西，她都煞有其事的以完全專業化的態度來處理，這就是貓頭鷹族群最典型的個性特質。

　　對表演事業充滿理想的憧憬，本身又有強烈的表演慾望，葛麗絲‧凱莉因而進入美國紐約影藝學院深造。行前，她的父親提醒她，那是一個非常危險的行業，要成名就要有付出代價的心理準備。事後證明，葛麗絲‧凱莉以堅毅的心志爬上人生的巔峰，而以貓頭鷹自我保護和自愛的強烈特質，毫無損傷的穿過可以吞噬人的好萊塢叢林。

　　「成功是靠一分的天才和九十九分的努力」，這是眾所周知的事實。葛麗絲‧凱莉固然具有高貴、明亮、健康、迷人的漂亮外表與身材，但是相對的，她

更是具有當一個好演員必備的能力和毅力，而且初入影藝圈就已具備獻身藝術的堅持精神了。這種種條件的集結，才把她自己推上演藝生涯的巔峰。

雖然是身處令人目炫神迷的演藝世界，但是葛麗絲‧凱莉對服裝的選擇卻一直是古典而堅持的，充分顯露貓頭鷹的穿著特質。

在她年輕的時候，當女孩子都喜歡把錢花在打扮上時，她所選擇的服裝款式卻一直是有限而保守的，就如同穿制服一般。在攝影棚裡，她那一頭自然柔軟的頭髮，配上古板的眼鏡和整潔的服裝，使葛麗絲‧凱莉看起來更像個能幹的女秘書，而不像是模特兒或演員。不過當她一旦站在攝影機前，渾身的演戲細胞就活起來了。

在演藝圈中，葛麗絲‧凱莉一直是個謹言慎行的人，喜歡擁有個人隱私，不太喜歡跟別人談論她的家庭生活。在製片家約翰‧福曼的瞭解中，葛麗絲‧凱莉從來不做自己能力辦不到或不適合自己的事情，她一直都知道自己什麼時候該做什麼事，溫和大方很守分寸，可是從不輕舉妄動。這種種的表現基本上都是貓頭鷹族群的行事風格。

≫ 高貴的「天鵝」

身為一位公眾人物，絕對避免不了和記者打交

道。而面對一群擅於揭人隱私的記者，葛麗絲始終如一的作法是：以禮貌的態度、好奇和懷疑的眼光，去欣賞那些欲探人隱私與好事的記者。因此，當她一如一些國家元首、對世界和平有貢獻的人，以及那些聲名赫赫有頭有臉的國際聞人一般，成為「生活」雜誌的封面人物以後，各大報章雜誌都派出最有經驗的記者，想要挖掘一些所謂的「內幕」消息。結果，他們都只見識到葛麗絲·凱莉迷人含蓄的笑容和禮貌的風度，筆記本上卻是空白的。因為葛麗絲·凱莉一直都堅持「一個人總有權利保有自己的一些秘密」，且忠實地固守自己的原則，決不允許任何人洞察那隱藏在她平靜、藍色眼睛裡的奧秘。

　　葛麗絲·凱莉對朋友的選擇一直都是謹慎保守，一旦選擇了朋友，情感卻是忠貞不移的。例如她與她的秘書住在一起，共事多年，後來她的祕書不幸死於白血球過多症，為此，葛麗絲也難過了好久。

　　對於葛麗絲·凱莉的交友態度，她朋友的一段話，不只形容出葛麗絲·凱莉的交友風格與態度，也恰足以描繪出貓頭鷹族群的特質。葛麗絲很不容易和別人深交，不過，如果她一旦把你當作知己朋友，那麼她會令你心服的，不論在公眾或私人的場合，她都是那種言行一致的人。她令人瞭解，什麼才是真正高貴的友誼。

　　美麗的女人，總逃不過男人的追求，葛麗絲·

凱莉當然也不例外，但奇特的是，那些曾經和她「墜入情網」的男人，全都和她保持一種高貴、真摯的友誼。綜歸那些五〇年代好萊塢男人對她的讚詞總是：有氣質、有才華、有幹勁、負責任、清純、高貴、迷人、誠實、正直、文雅……等。具高感性、天蠍座的貓頭鷹個性特質，葛麗絲·凱莉是徹徹底底由內到外都追求一種完美的境界，無怪乎攝影師法蘭克會形容她是一如「供奉在博物館的塑像美人」，令人仰慕不已。

葛麗絲·凱莉在一九五五年拍攝「天鵝」時，有一段王子勸慰他未來的王妃的一段情節，台詞似乎就是為葛麗絲·凱莉而編的：「請記得做為天鵝……牠的命運註定牠要像夢般滑過湖面，安詳、潔白、高貴……妳就是必須這樣……妳註定要把頭抬得高高的，冷靜地漠視那群仰望你的凡夫俗子。」

≫ 嫁入侯門

就在扮演天鵝之後的第二年，葛麗絲·凱莉因為接受摩納哥藍尼爾親王的求婚，在現實世界中真的與「王子」結婚，真正躍升為天鵝了。而揮手告別影城好萊塢，葛麗絲·凱莉就完全把過去她追求的演藝世界，完全拋諸腦後了。葛麗絲·凱莉「選擇所愛，忠於選擇」的個性特質，又再度顯現。

葛麗絲‧凱莉一直都是保守、傳統，而且是非常注重秩序的貓頭鷹族群，這從她待嫁之前的一些行為表現，即可見一斑。前往摩納哥之前的整裝工作都是由她自己親自收拾整理，甚至還列了一張日程表，安排自己在前往摩納哥的船上，每晚該穿的衣服，以及婚禮之前一個星期在皇宮裡的裝扮，因為她希望一切的生活秩序都在自己的掌握中，不希望引起任何意外。

　　而在離開美國的最後一個星期，她到中央公園騎馬，她那種橫坐馬鞍的落伍騎馬方式固然挺直自然，一無瑕疵，但是卻顯露出她那種令人難以理解、注重自我、遵奉傳統的特殊個性。

　　嫁入王宮侯門的葛麗絲‧凱莉，很快的生了兩個孩子。而隨著孩子的成長，她對宮廷生活已能完全適應，法文更是運用自如，就開始參加一些家庭以外的社交生活，為自己的人生締造更輝煌的局面。

　　由於葛麗絲‧凱莉從小就在父母灌輸公德心和關懷貧困的氣氛中長大成人，她的父親甚至要求孩子不要計較什麼利益，但求對事情培養興趣，熱心參與。因此當她一旦轉型進入社會慈善事業時，更是充分運用自己的人際脈絡和影響力，在慈善事業的領域中揮灑出光芒與熱力來。

　　葛麗絲王妃先接手紅十字會會長，而後積極贊助摩納哥現代化醫院的重建與擴充，並在醫院內集合志

工組成「醫療服務中心」。

　　對於摩納哥的養老院，她也在觀察之後，召集紅十字會的助手去服務老人，爲老人辦活動，籌蓋新大樓，把愛心帶進一個原來一無生氣的蒼老世界。

≫ 可靠而負責的王妃

　　除了病人和老人外，兒童也是葛麗絲王妃最關心的焦點。她不但無微不至的照料自己的孩子，也關心別人的孩子及其他國家的孩子，尤其是那些受折磨、無助的身心殘障兒童。她組織「世界兒童之友協會」，並推廣成爲全球性的愛護兒童組織。另外，她也成立育幼中心，爲「國際孤兒家庭」安置新家，並爲摩納哥兒童成立音樂學院。

　　葛麗絲王妃對藝術一直有偏好，一九六五年也成立了「葛麗絲基金會」，用以幫助摩納哥境內的藝術家和手工藝家。一九六八年，葛麗絲王妃又決定成立園藝俱樂部，使會員通過對花的認識而增加藝術趣味。而後又從俱樂部擴展，推動國際插花競賽及插花展。花展的舉辦在在也顯示葛麗絲王妃的完美主義個性傾向，事實也證明，她是成功的。其實在推動插花藝術的過程中，她最成功的一點應是邀請男士進入花藝世界，甚至藍尼爾親王都與王妃婦唱夫隨的加入插花行列中。

對於非王室出身的葛麗絲‧凱莉來說，扮演王妃的角色算是她的另一份工作。她曾強調：「我勤奮於社會工作、公共關係，以及撫養孩子長大成人，但是從這中間，我也獲益不淺。」對於一個準備一生奉獻於螢幕的女演員來說，她後來是轉變成一個極可靠與負責的王妃。而不論是扮演電影明星或摩納哥王妃，葛麗絲‧凱莉都是十分稱職的，直到她車禍去世，她留給世人的形象，都是那麼的完美。

》葛麗絲‧凱莉王妃的另一半與夫妻關係

「我嫁給藍尼爾親王，並不是因為他的特殊身份或地位，而是我深愛他這個人。」這是葛麗絲‧凱莉婚後的表白。

葛麗絲‧凱莉一向以形象完美著稱，到底藍尼爾親王是一個什麼樣的男人，才能使凡事都要求做到至善至美的葛麗絲‧凱莉願意委身於他呢？

從「表面」上看來，藍尼爾親王和葛麗絲‧凱莉是完全不同的人。不但成長的背景有異，個性也迥然不同；葛麗絲‧凱莉是矜持、含蓄、謹慎的貓頭鷹型王妃，藍尼爾親王卻是積極、樂觀、興趣廣泛的老虎型親王。

藍尼爾親王出生於一九二三年，在他六歲時父母就已分居，童年欠缺雙親的呵護，可以說是個失寵的

孤單小王子。他在二十六歲正式統治摩納哥時，就致力於全國的現代化。在位期間，他一直是嚴肅、理智而仁愛的統治他的王國。

藍尼爾親王具廣泛興趣，而他的興趣正是老虎族群的最愛，例如潛水、打獵、滑雪、賽車等具冒險性的動態活動，還有對足球也是十足的狂熱。另外，他還會攝影、金屬雕刻、作詩、繪畫。這個豐富、睿智的男人，著實吸引了葛麗絲·凱莉，也令她完全服氣。

葛麗絲·凱莉既是個凡事力求完美的貓頭鷹，每個階段的角色，她都盡全力演好，因此即使初嫁入異國有很多的不適，可是她卻能勇敢的面對並克服，直到被全國人民完全接納為止。

從一個在美國受人崇拜的影星，到一個皇家親王的妻子，葛麗絲·凱莉做了很大的調適，她形容自己早期的婚姻生活說：「在我婚後的頭幾年，我失去了自我；因為我不能再依賴從前的生活模式。我企圖讓丈夫和他的生活方式與工作來改變配合我的個性，我知道這是錯誤的，但我必須在這種新的生活中，尋找能夠保存自我的方法。」

有了這樣的醒悟，她才能以健康的心態去營造她的皇室婚姻，才能以認同的心情去建造美滿的家庭，也才能在從事社會福利工作，服務自己國家子民的過程中，去突破自己的生命格局，達到真正至善至美的

人生境界。而在整個婚姻過程中，葛麗絲·凱莉也清楚明白的實踐她的婚姻觀和價值觀，她認爲：任何人要不作任何犧牲就獲得成功的婚姻、事業或是其他的東西，那是不可能的。女人的第一天職是：做妻子和母親。在今天的社會中，婦女所扮演的角色比以前更爲重要。人生中最重要的事，就是行爲要遵從良心。

從這些價值觀中不難發現，對婚姻、對生活、對社會，葛麗絲·凱莉是以什麼樣的心力來付出。她一生中不管那一階段，形象都是完美的，這是不無道理的。

變色龍型領袖
善用資源、整合運籌諸葛亮

▶ **特質**：極具適應力、生存力、韌性高的特質。

▶ **優點**：擅長周旋危機與變局。

「合久必分，分久必合」的三國時代，是中國上古與中古的分水嶺，它與春秋戰國時代一樣，因為多少英雄豪傑在戎馬倥傯的動盪中輝映著多變的人性，而豐富了歷史，供後人無限的想望與憑弔。

　　在三國故事中，魏、蜀、吳分據天下，曾出現無數赫赫有名的政治人物與軍事將領，他們各事其主，奉獻生命的菁華，其中為蜀漢鞠躬盡瘁、死而後已的諸葛亮，不但身顯當世，更揚名於後代。

　　能在死後一七六○年依然擁有眾多的「諸葛迷」，除了歷代統治者衷心讚美他的忠誠不二外，也因為他「上知天文，下知地理」的博學智慧，以及研判形勢的的神機妙算。相傳他率軍出陣時，總是乘著白色馬、圍青巾，手持白扇來指揮三軍；他有儒家的思想，作人講求忠孝仁義，執政時用的都是法家方法，崇尚法治，賞信必罰，為了完成劉備恢復漢室的遺忘，他主動出兵攻打魏國，死後依然贏得敵方的尊敬。

» 曲折的年代、不順遂的生活經驗

　　以成功軌跡綜合分析作為探討有關孔明史料的基礎，發現這位一代軍師擁有優越整合能力的變色龍型性格。

　　他的角色扮演，完全根據組織要求或所在的環境

來整合與應變。

　　他的彈性與適應力很強，不會有特別的個人意識，能夠兼容並蓄，是非常稱職的外交協調高手，由於以中庸之道行事，在人際互動時不走極端，因此對不同年齡、背景的人，具有整合號召的能力。

　　孔明這種性格，很適合在錯綜的環境中處理複雜的事務，而在打天下的開創時期，將成為統治者身邊最倚重的幕僚。對照他的成長經歷，這種如變色龍般充分適應環境的個性，可謂其來有自。

　　根據史料記載，孔明出生於後漢建國一百多年後的衰退期，國內外叛亂迭起，先後發生黃巾之亂、袁紹計畫殺宦官、董卓廢帝等除惡之事，不僅朝政瓦解，農民也受到豪族的經濟迫害。

　　他的祖先雖為北方名望之族，但由於母親與父親先後在他十歲和十二歲時去世，很早就失去庇護與照顧。性格早熟的他，便帶著弟妹投靠在荊州任官的叔父，也就是從現今的山東流徙到湖北江西一帶。

　　很不幸，叔父在權力鬥爭中慘遭殺害，這時約十七歲的孔明傷心無奈之餘，就在隆中蓋了茅草屋，過著自給自足、邊耕邊讀的隱居生活。

　　缺乏安定的生活與投靠親戚的日子，使聰慧的孔明很早就培養出適應環境、避免與人衝突對立的處世態度。隆中距離大陸要衝的名城襄陽約八公里，是一處森林茂密的小山丘，孔明在此地住了十年，一方

面逃避紛亂的政局與險惡的人心，一方面在撫慰受創受苦的心靈之餘，結交了許多有才華的人，一起研究學問、討論天下大事。這時的孔明，已是胸中自有丘壑，志在天下。

由於當時的學習風氣仍然保守，讀書方法以精熟死記為主，但孔明卻不像同學那樣不求甚解或鑽牛角尖，而是「觀其大略」，很能把握書中要點，抓住大綱，而並不死讀書。當別人懷念北方老家時，他則勸阻說：「中國士大夫熬遊，何必故鄉邪？」後來事實也證明，華南一帶的地位越來越重要，足見孔明開闊不受限的性格。

而當別人認為若擔任刺史、邵守之類的地方官已經很了不起時，他卻懷抱豪情，暗自向管仲、樂毅這些古代名相看齊，希望有朝一日能輔佐君主治理天下。

》出色的外交才華

被史家形容為「一表人才、俊偉軒昂」的孔明，由於英才之名，有望鴻圖大展，被別人取了「臥龍」的別號。

由上述中，可見孔明隱然於中庸之道的整合型性格中，又以胸懷大志、優越自信的較高支配特質，以及不受傳統束縛、獨立自由的較高開創性的特質為次

要屬性。他的天份與能力，在遇到劉備時，找到了發揮優越、施展抱負的契機。

　　無權無勢的劉備，憑著自身的才幹與練達的智謀得到擁護並崛起，此刻雖擁有第一線指揮官、行政及財務人才，但自他揭竿起義以來二十多年，始終沒什麼進展。四十七歲的他，深知尋得具備政治號召力與厚望所仰之人的迫切，於是積極拜訪。當他遇到所景仰的徐庶時，徐庶則力薦他的同學好友孔明給劉備，說孔明這人如蟄伏的蛟龍，不出來則已，一旦出來，必能轟轟烈烈成就大事。

　　歷史上有名的「三顧茅蘆」，說明劉備在寒冬大雪中招攬天下菁英的誠意與決心，也讓 27 歲孔明脫離隱居生涯，展開英雄造時勢的全盛時期，並且走進三國風雲之中。

　　孔明在為劉備分析天下大勢時，指出不可與擁有百萬民眾、挾天子以令諸侯的曹操正面衝突。對於據守險要形勢，內有能臣、外有良將的孫權，要拉攏而非與之為敵；他建議劉備以區區幾千名部將，應該先安定荊州，占領益州，作為日後發展的根據地。由此可見他掌握環境、識時務的根本個性。

　　具有變色龍型特質的人，是天生的談判協調人才，由於泰然自若、措辭得宜，也會是一位出色的外交人員。孔明這方面的才華在投效劉備一年後有了發揮的機會。為了抵擋曹操大軍南征荊州，他到東吳與

孫權會面，請孫權共同出兵。原本並無併吞天下野心的孫權，始終對蜀魏的發展存觀望態度，見孔明來求救兵，先是質疑劉備為何不投降算了，一會兒又擔心蜀漢兵力有限，結果都被孔明的雄辯與分析一一說服，終於以「赤壁之戰」的火燒連環船大敗魏軍，粉碎了曹操統一天下的大眾，也確定了劉備在荊州的勢力。

孔明在這關鍵一戰中，同時也結交許多國的名士，不久後，劉孫因勢力衝突而對立交惡。直到劉備死後，孔明受遺託主掌內外，才重新促進吳蜀友好關係，讓孫權與魏國斷交，與蜀漢結盟，並且與吳國大使張溫結為金蘭，從此之後到蜀漢滅亡，兩國一直保持同盟關係。由此可見孔明靈活魅力的外交藝術是多麼成功。

≫ 獨挑蜀漢大樑

像他這樣個性的人，一旦找對效忠者，即時時以不負組織期望自許，自始至終都會善盡人臣之義，為國家目標全力扮演好自己的角色，無怨無悔。

他對外採取聯合吳國抵抗魏國策略，並專心對內勵精圖治，讓劉備南征北討時無後顧之憂。他是名優秀的管理者，可以發揮全功能、內外兼備的治理能力，他也確實總攬國政於一身，從軍糧器材

調度、擬訂統治豪族計畫，到回覆武略的輔佐責任，也由他肩負，形成一人獨當國家大計的辛苦局面。

劉備在稱帝後兩年去世，身為丞相的孔明，既受託為最高統治者，又要輔佐無才無德的幼主阿斗，責任更加重大。他首先揭示施政理念，表示他在決策前一定集思廣益，充分檢討後再取中庸意見。其次大開晉用人材之門，延攬地方名望的學者參與政事，一些地方大老也對他鼎力相助。

他也致力獎勵農業生產，推行屯田政策，並且加強軍事訓練，改進武器與軍輸工具。對於西南少數民族的叛亂，耐心安撫，除了以七擒七縱贏得首領孟獲的心悅誠服，並用其族人為官，將士民編入蜀漢軍隊，鼓勵他們發展經貿。孔明的政治才華與整合資源的能力由此可見。

解決了內憂之後，開始部屬北伐魏國，以完成劉備中興漢室的未竟之志。經過一年的整頓備戰，這時四十七歲的孔明以一篇家戶喻曉的「出師表」表達對蜀漢的忠肝赤膽，在後主下令出兵後，踏上了北伐之路。八年間，他雖取得一些小勝利，畢竟敵不過擁有強大後備支援的魏軍，而在五十四歲病死於五丈原軍中。

至此，我們已勾勒出孔明轟轟烈烈卻又勞頓無比的一生。其高風亮節的人格、盡忠職守的義膽，以及

神機妙算的智慧，留予後人豐富的形貌而永垂青史，此外，我們也對他靈活應變、整合內外情勢的政治手腕，獲得具體的驗證與啟發。

從 PDP 個案，
認識真相

在 身體健康問題、金錢問題、工作事業
問題、原生家庭問題、親密關係（包
括夫妻和子女）問題、人際關係（包括上司及
屬下與同事）問題、自我認同（包括自我形象
和自我概念）問題、成長道路問題等八大問題
當中，你目前的現況遇到哪一類的問題？如果
你對問題感到害怕，你都是用怎麼樣的方式來
面對？

傾聽內在聲音，調整生命優先順序

每當我們遇到原生家庭、工作、金錢、身體健康和親密關係等問題時，就有機會看到問題背後的錯誤信念。這些自我否定的信念往往會伴隨著不舒服的感受。只有用愛的能量，去接納和擁抱我不值得被愛、我會被遺棄和我是無價值的三種負面感受，才能打開內在的眞我。

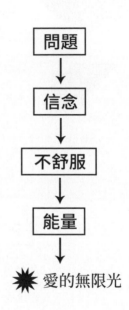

問題
↓
信念
↓
不舒服
↓
能量
↓
✸ 愛的無限光

案例一：寶玲是個女強人，目前爲世界級公司的高階主管。她的問題是想要有更多的時間，和她最愛的五歲女兒在一起。她每週只有週日一天可陪伴女兒，內心感到很愧疚。其餘六天，她就像是個工作機器，做得很疲憊無力。

所以，她希望能把這份工作辭掉，並且收掉一年

前投資的事業，讓自己能夠做一個全職媽媽、百分之百的陪伴女兒。很明顯的，寶玲的問題屬於親密關係（包括夫妻和子女）的問題。

≫ 認識真相

當老師與她再細談問題時，發現她內心害怕沒有足夠的錢，讓她去做一個全職並且有愛的媽媽。因為，她覺得自己存的錢不夠。她也抱怨老公，認為老公賺的錢不夠，無法支持她的理想。就在一年前，她以高階主管的身分向銀行貸款，開了一家零售店，還請了一堆員工，這個零售店和她的專長並沒有關係。

八個月以後，虧了許多錢，只好辭掉一半員工，留下八位，她希望能在未來四個月內，把這個店收掉。

當初，她希望老公能幫忙管理零售店的財務。老公也是另一家世界級公司的高階主管。他認為白天工作完後，已經很累了，下班後，他只想要回家和孩子在一起，就很滿足，因此，他不想再有任何兼職。於是，她強制要求老公挪出 20％的時間來幫忙管理零售店的財務，其餘時間才可以回家陪孩子。所以，做太太的她對老公很不滿意，而且有很大的埋怨。

我們可以看到她把問題的優先順序搞混了。她首先卡在需要百分之百的時間跟小孩在一起的問題，因

此唯一的解決方式就是完全辭掉工作，讓老公負起全部的經濟責任。所以，她現在創造出收入減少的金錢問題，也創造出給老公壓力的婚姻問題。但是，她又害怕錢不夠用，就創造出開零售店來增加一份新收入的新問題出來。結果，她晚上下班後，沒有足夠的體力去照顧新的店，便要求老公全力幫忙，於是，她又創造出自己體力不足，老公又不願幫忙，導致她很埋怨老公的新問題出來。結果，整家店經營不善開始虧損，將她一整年的收入輸掉了，於是，她又創造出自己要停止虧損，也要辭掉工作，專心照顧孩子的新問題出來。

當老師問她：「妳真的認為當妳有百分之百的時間去陪伴孩子，做個全職的家庭主婦，你心中的問題就會消失，妳就會滿意了嗎？」其他同學也分享說：「她原來就是一位很能幹的職業婦女，生了三個小孩後，辭去工作現在天天跟小孩在一起，也創造出另一種『金錢不夠』的恐懼，原因是家裡只剩老公一個人在賺錢，自己也會覺得自己很沒有用，整天和孩子在一起，講的都是孩子世界的話，與社會脫節的厲害。她覺得自己是個受害者，被社會遺棄了。」

經過老師的引導，她接受了每一個人對自己問題要負起完全責任的新觀念。接下來，老師要寶玲專注在自己身體的感覺，要她和身體裡疲憊的感覺完全在一起，完完全全用愛自己的方式去和自己的感覺在一

起。經過音樂與冥想話語這些充滿愛的能量的引導過程，讓她體驗到有千千萬萬的天使在陪伴她，跟她在一起。

» PDP 特質解讀

當我們從 PDP 特質來解讀寶玲，她是開創型個性的人，天生願意冒風險，當一位先驅者，善於無中生有。她在工作角色上的精力和能量非常的高，達到人口頂尖 10％。所以，她是企圖心非常高的人，也願意為自己的企圖心去付出任何的代價。她很願意發揮自己的專業能力，但也會過於自信，過於衝動，而做出錯誤的判斷，不明智的決策。

在特助的工作角色滿意度還可以，能量的耗用也很正常。

在檢視她身為媽媽的角色時，她雖然每一個禮拜只有星期天的時間能夠陪伴女兒。但是，她覺得能夠做媽媽非常的滿足；再來看她做太太的角色，由於她認為老公沒有很幫忙管理零售店的財務，才導致投資店面的錢虧損掉。雖然，她承認老公當初就不贊成這個投資，也不希望下班後還要到店面上班，無法女兒在一起。但是，她卻堅持要開零售店，並把身體的疲憊和金錢的虧損，通通扔給了老公。她在太太角色耗能量的不滿意程度很高，是一般要離職員工的兩倍

工作角色　　　　　　　　太太角色

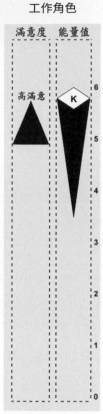
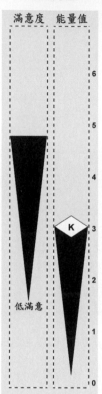

工作滿意度尚可，
能量耗用正常

以上。

　　她因爲工作角色的過分自信，認爲自己過去很能幹，只要開家賺錢的店，就可以不必靠領薪水過活。可是，她選擇自己不太懂的行業，反而創造出更大的問題，造成她更沒錢，也更沒時間。於是，她就很羨慕不必出去做事的老婆，可以在家裡完全陪小孩，只

要先生出去賺錢即可，她以爲這樣子的媽媽就是幸福的媽媽。

　　在愛的領域上，她與老公的溝通並不完整，就創造了親密關係的問題。她認爲老公沒有支持她，在做太太的角色上有很大的挫敗感，覺得今天問題如此嚴重，都是老公造成的。因此，她沒有在源頭上以愛爲第一優先，而把賺到更多的錢列爲最優先的項目，結果卻創造了一系列的問題出來。

» 啟示

　　一個人的天賦禮物要發揮在工作上或是創業上呢？因爲工作只能領固定的薪水，一般人以爲去創業才能賺很多的錢，然後就有很多的錢，可以去做自己想做的事情。但一般人卻不知道「創業也是得全心專注的經營，還要面對未知的風險。」

　　因爲寶玲一開始就不是把愛的承諾作爲第一優先，才會讓自己迷失在創業成功的渴望當中，並且創造出親密關係的問題，最後又製造出金錢虧損的問題。所以，我們做事業的時候，如果沒有用到自己的天賦禮物，反而會失去更多的錢。領薪水的工作如果有用到自己的天賦禮物，那個工作舞臺就是很好的回饋。所以，想像一下你的工作有用到你的天賦，並且還是用愛的承諾來做工作，那你的內心滿足、喜悅和

和平的能量是不是會更大呢？

　　寶玲的案例提醒我們檢驗自己在生活的每一天，是活在恐懼中，還是活在「愛」、「驚喜」和「創造」當中？試著去欣賞自己的創造，並且去感恩這些陪同妳去創造的人，欣賞這些妳所遇到的人的體驗！

　　當妳遇到不舒服的時候，就是「愛」要提醒妳去和自己身體上「痛」的感覺連結在一起。這時候的第一優先是照顧自己不舒服的感覺，直到妳感到「和平」、「喜悅」與「愛」的滋養。然後，你去面對與妳在一起的人，妳才有力量將「和平」、「喜悅」與「愛」給出去。當妳被真相和真理喚醒時，妳的生活會有更多時間去做跟自己天賦禮物有關的事，並且和自己所喜愛的人在一起，這都會迎回自己的力量與能量。這就是檢驗妳是否活在天賦禮物與愛當中，還是活在恐懼所創造的八大問題中。檢驗的目的不是要你去責備和鞭打自己，而是要你去覺察，去內省自己在「生命優先順序」上的錯誤。覺察與轉念是很重要的任務。

　　以寶玲的例子來說，如果她能傾聽內心的聲音，用更真誠的意圖來回應目前所發生的問題，並且重新調整生命的優先順序，就能對她婚姻問題的解決幫上很大的忙。

　　如果我們以愛、真理與和平為最高優先，第二優先是家人關係和伴侶關係，把問題放在最後當第三優

先。我們就可以從關係的互動行為，來檢驗自己的回應是否從愛的動機出發。當我們愈是遇到了問題，愈是要由「真相」、「真理」來解決，就不會發生更大的困難。

如果我們只是被卡在問題裡面，以問題為第一優先，就會只看到問題無法解決的一面，而沒帶有「真相」和「愛」。常常問題就會無法解決，愈搞愈大，變得很沈重，變得不可收拾，如破產、失業和離婚。如果你只是看著問題，並且將問題的優先性擺在真理之上，擺在關係之上，問題就會變成不可解決的困境，你就會卡在問題裡面，非常的挫敗，非常的不舒服。這完全是你自己的選擇。如果你能對問題負起百分之百的完全責任，重新釐清生命的優先順序，就能更接近問題背後的真相、真理和愛的源頭，你就能夠讓自己的力量真正的出來。

≫ 寶玲案例的後記

寶玲因為沒有對自己的問題負起完全的責任，反而將自己的問題複雜化到無法收拾的地步。在老師的引導下，她回到了根源，負起了她的全責性，並且與內在的力量和智慧相連結。之後曼琳用 PDP 來為她做個人教練輔導，用四個角色的 PDP 圖表幫她進一步釐清自己問題的根源。曼琳的教練輔導完畢後，她

對曼琳說：「我很愛我的老公，我回去後，會跟老公好好做一個完整的溝通。」

　　一個多月後，曼琳做了一個後續的追蹤，請她再做一次 PDP 圖表。我們很高興看見她在夫妻關係的滿意度變高了，雖然太太角色的耗能量上仍然用得很多，也因爲如此的改變，她的自我感覺整個提升了許多。從再次追蹤的圖表看來，曼琳相信她的健康也會有很大的改善。她在工作方面，經過溝通以後，也得到很滿意的安排與結果。

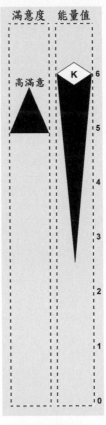

太太角色

真相的力量——喚醒內在真相 激發潛在領導力

藉由喚醒和蛻變，讓孩子展現獨特的天賦本質

　　成年期的人生問題背後都有童年期的舊創傷。小孩子時期的純真本我底下有兩大需求：重要感和歸屬感。需求沒得到滿足，就會產生挫敗和心碎的受傷感覺，形成儲存零到七歲受傷情緒記憶的脆弱層。我們

面子

核子的真我

脆弱層（傷痛的陰影）

防衛層
（操控與分析，自我保護──隱藏式的溝通）

出自：克里斯多福・孟

為了適應外在的現實環境，就會把脆弱層掩埋，再戴上性格武裝的盔甲，形成社會面具的防衛層。

案例二：有位年輕男生被媽媽帶來克里斯多福老師的工作坊，媽媽當著全班三十多位學員的面前跟老師說：「我這個兒子今年已經二十歲了，都不好好唸書，只愛玩電腦遊戲，凌晨兩三點還不睡。我對我兒子現在的問題非常的擔心，就專程帶他來上老師的課，請老師幫忙『改變』他。」

克里斯多福老師回答說：「當妳說妳的兒子需要改變時，妳就已經將妳的兒子矮化了。妳沒有看到他的天賦特質，只想把兒子『改變』成你想要的樣子。你兒子可以藉由喚醒和蛻變的方式，把遮蔽他天賦本質的負面情緒化解掉，讓他的獨特天賦本質能夠展現出來，更發光發亮。」

這位媽媽當著大家的面向老師發問，表現出她對兒子的狀態有很強烈的論斷，也是一種很不給兒子留面子的指責行為。不過，她兒子還能保持良好的風度，沒有跟媽媽當場鬥嘴。非常巧合的是隔天工作坊的「焦點人物」就抽到她兒子。

老師問他說：「你現在的人生中有什麼問題需要處理？是八大問題中的哪一塊呢？」

他很無精打采的說：「我也不知道啊！我覺得自

己沒有什麼問題。但是，我引發了父母親之間的問題！」

老師再問說：「你引發出父母親的什麼問題呢？」

他說：「因為我的書唸不好，我爸媽經常為此吵架，吵得很可怕。我有很大的內疚感！」說完這句話後，他就低下頭來沉默不語。

老師對學員們說：「我們早在零到七歲的期間，就開始建立了自我感、自我的身分認同和自我概念。對小孩子而言，父母親是他們生命中最重要的人。對七歲以下的小孩而言，父母親甚至就是他們內心的神。所以，小孩子會覺得父母親為他而吵架，並且離婚，全都是自己的錯，而有很深的罪惡感。其實，小孩子只是當了代罪羔羊，真正的問題在於父母親。」

兒子又說：「媽媽因為我書唸得不好，把我送到澳洲去唸書。我實在是不喜歡念書，又不願意浪費媽媽的錢，就瞞著媽媽跑去打工，這樣子就比較沒有罪惡感。可是，打工一陣子後，會覺得工作很無聊，就辭掉工作。所以，我就在工作與學校之間來來回回。我自己也覺得很氣餒，根本就不知道我的人生到底要做些什麼？」他的表情看起來很迷失，整個人的樣子也顯得很無力。

老師再問說：「到目前為止，你有什麼喜歡的東西嗎？」

兒子說：「我很喜歡玩電腦遊戲，我還因此去參加競賽，贏得了獎品。」

老師問說：「你得到多少錢的獎品呢？」

他抬起頭，整個臉都亮了起來說：「我贏得新台幣兩千多塊的獎品。」

全部學員聽到這個獎品金額後，都忍不住哄堂大笑。這個獎金與學費簡直是不成比例。

老師現場請他媽媽在學員中找個能量與前夫較相近的人，出來代表他孩子的爸爸。她就挑選了一位人高馬大很有英雄感的學員。她說：「雖然我是個能幹的職業婦女。但是，我在先生面前喜歡扮演一個小女人，這會讓我覺得很舒服。」

老師接著請他媽媽和扮演父親的學員一起並肩站在兒子身前一大步的距離。這時候，整個教室的燈光調暗了，開始播放「帶他回家（Bring Him Home）」這首雨果悲慘世界歌劇的名曲，並且配合中文歌詞的旁白來引導焦點人物和全部在場學員，同時也去連結自己時時有迷失人生方向的「傷與痛」。

Bring Him Home 帶他回家

——出自法國大文豪雨果的悲慘世界

高高在上的神

請聽我的禱告

在我需要你的時候

你一直都在

他還年輕

他在害怕

讓他休息

老天垂憐

帶他回家

帶他回家

帶他回家

他就像我自己的小孩

如果神賜給我一個兒子

年復一年

很快地他就成年

在我老去與去世之前

帶給他平安

帶給他喜樂

他還年輕

他只是一個小男孩

你可以拿取，你也可以給予

就讓他這樣下去，讓他活下去

如果我該死去，就讓我死

但讓他活下去

帶他回家

帶他回家

帶他回家

老師請這個當焦點人物的兒子閉上眼睛，放鬆身體，去體驗父母親站在自己面前的感覺，以及小時候父母親對自己有多麼重要的感覺。老師也請所有學員一起進入這個情境，用自己的心陪伴這位兒子一起走這個過程，去感受因爲「愛」的能量卡住而迷失的情緒，去感受這位兒子的罪惡感。這是老師在引導焦點人物和學員一起打破外在性格的防衛層，準備進入內在情緒的脆弱層。

　　當歌曲結束時，老師請這位兒子繼續閉著眼睛，讓母親和扮演父親的人慢慢向前走到他的左右兩邊，各自伸出手來，輕輕放在他的肩膀上。這時候教室播放甜美和平靜的冥想音樂，老師也開始第二段的引導，老師說：「不管父母親發生什麼樣的爭吵，父母親對孩子的愛與支持始終都是存在的。」老師要這位兒子將手放在自己身上覺得不舒服的位置，他就把手放在胸口的位置上，彷彿心理面有深深的傷心感。老師要他去體驗與感覺從七歲到二十歲這十幾年來的古老傷痛，覺得自己不被母親所愛，覺得自己被父親遺棄的種種心碎感覺，並且讓自己和心裡面的傷痛完全的在一起，直到自己感覺到平靜與和平。這是老師在引導焦點人物和學員一起感受內在情緒的脆弱層，並且穿越至更內在的核心眞我層，取得平靜的力量。

　　當整個過程完成後，這個當焦點人物的兒子睜開了眼睛，教室的燈光也同時亮了起來，他經過這次情

緒淨化後，表情與全身的能量顯得很美。他的內在真相被喚醒後，他整個人也很寧靜，很和平。

老師問他說：「現在感覺如何？」

他回答說：「我現在覺得整個人都放鬆了，我更能與自己和平相處，感覺我的內在力量出來了！」

» PDP 圖表解讀

為了對這位兒子有進一步的瞭解，曼琳替他做了一份圖表。一張是他與媽媽的關係，從圖表中可以看見他的自我感被壓得很低，非常的氣餒，也不願意和媽媽溝通。他覺得自己不論怎麼努力，做什麼事，媽媽都不會滿意。他做兒子角色所耗用的能量超過一般人上班八小時所耗用的精力，他做兒子不滿意的程度也超過一般要離職員工不滿意度兩倍以上。可見，他對扮演媽媽兒子角色這件事已經氣餒到了極點。

再來看他與爸爸的關係。他還在讀幼稚園的時候，爸媽就離婚了，三個小孩都跟著媽媽，他是家中最小的孩子。從 PDP 圖表中，雖然他的自我感還是很低，但至少比兒子對媽媽的能量高出一倍以上，氣餒的程度則是相同，非常的無助與無力。即使父母親離婚十多年了，兒子對爸爸的角色所耗用的精力仍然相當於一般上班族全職八小時所耗用的能量，且對自己不滿意的程度也相當於要離職員工的不滿意程度。

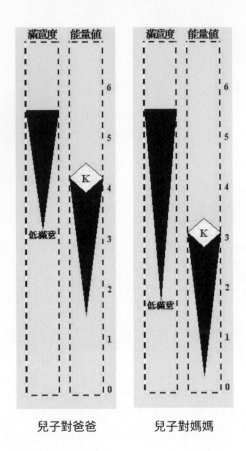

兒子對爸爸　　　　兒子對媽媽

» 兒子案例的後記

在二〇一一年九月三日台灣中國時報曾有一篇「課業緊箍咒，兩成青少年憂鬱」的報導。在一項對台灣五千多名國高中生進行的調查中，有 18.1％的受訪者有明顯的憂鬱情緒，平均每五人就有一人深陷「少年維特的煩惱」，需要專業的協助。該調查顯示青

少年壓力來源有五個：

1. 課業考試成績不佳（相當於成年人的工作事業問題）。

2. 父母親的期待（害怕小孩將來的金錢不足，也就是對小孩的天賦沒有信任）。

3. 人際關係（由於和父母親的溝通不良，在人際溝通上也會刻意疏離）。

4. 身材外貌（年輕人沒有自信心，自我感有擔憂）。

5. 網路活動的時間過長或不足（引起父母親對年輕世代未來生存和金錢方面的擔憂，其實這也是父母親對生存和金錢方面擔憂的投射。）

走出受害者的牢籠，成為真實的自己

三角牢籠

```
        受害者
         /\
        /  \
       /    \
      /_____\
  迫害者      拯救者
```

每個人都有受害者的意識，會把讓自己受苦的人指責爲迫害者。我們有時候會扮演拯救者，在拯救過程中，一不小心也會變成迫害者。所以，受害者—迫害者—拯救者會形成一個三角牢籠。讓我們用平等的眞誠交會，取代受害者的報復念頭，取代迫害者的處罰念頭，取代拯救者的指導念頭。

案例三：有位很早就離婚的單親媽媽，必須靠一個人的收入，來養活自己和三個孩子。她的生活壓力很大，常常晚上睡不著覺。甚至，她在夢中會浮現自己過去折磨小孩的畫面，就突然驚醒過來。再加上她的小孩好像得了憂鬱症，出了一些心理上面的問題，所以，她開始去看心理醫生。

在工作坊中，她的兒子前一天才被抽到當焦點人

物，媽媽也在今天被抽到要當下一個焦點人物。冥冥之中，宇宙要給她家一個很大的禮物。

老師問她說：「妳現在的生命是要處理什麼問題？」

她說：「我要處理跟三個兒子之間的關係問題。我每天都要先送孩子們上學，再趕去上班，經常承受很大的時間壓力。因此，我在送孩子上學的過程中，曾經因為壓力太大，導致情緒失控，帶給孩子們很大的創傷。」

老師又問她說：「妳說的創傷是什麼？能否舉個例子呢？」

她說：「有一次早上叫孩子起床的過程很不順利，大兒子在路上又不聽話，我先是打了他，結果兒子吵得更兇。我就在路上把兒子拖出車外，丟在路旁，繼續開車送其他孩子上學，不理會吵鬧的大兒子。當時我對他們沒有耐心，也對他們的行為很不滿意，做了很多『迫害者』的行為，搞得我現在有很深的內疚感。我既不能原諒自己，也不能原諒孩子們。我苛責自己，也同樣苛責孩子們。我常會用急躁的語氣責備孩子們，說一些『你真笨，怎麼教都教不會』，或『你又搞砸了』的話，讓孩子們覺得自己永遠都做得不夠好，也不會被原諒。我現在常在半夜睡夢中被這些畫面驚醒，我十分害怕去面對自己對孩子造成的傷害，又不知道要如何去彌補？」

問題
↓
信念
↓
不舒服
↓
能量
↓
✸ 愛的無限光

她又說：「雖然我離了婚，我還是希望遇到一個理想的對象，能夠再次結婚。我現在最小的孩子都已經二十歲了，他們都能夠獨立了。我希望找個『大男人』來保護我，讓我能當個小女人來撒撒嬌，也能服侍照顧他。可是，我又會論斷自己這種『討好者』的行為。所以，我期望自己能在感情方面也有一些改變。」

老師說：「你期望孩子們的改變，你也期望自己的改變，你就是一直活在『期望』當中。」

老師又對她面質說：「當妳說要孩子改變時，妳的內心對他現在的行為已經有了論斷。妳的內在有一個信念，認為孩子的某個行為是不對的。而且，妳要求我幫忙改變妳孩子的時候，卻忘了要先處理妳內在的不舒服感，那個不舒服感的根源在於妳認為自己是失敗的、無助的和無力的媽媽。絕大部分做父母親的人為了不去面對這些不舒服的感覺，都會利用替孩子擔心等外在藉口，來逃避內在的不舒服感。」

老師說：「我願意和你分享一個我做爸爸的例子。當我兒子考大學時，我一直不願去面對我是個失敗父親的內在不舒服感，反而是掛慮兒子將來念大學

的種種問題。當我完全接受『我是個失敗父親』的感受後，我就能不去掛慮和論斷他準備念大學的行為表現。當我專心去面對自己內在不舒服感的過程時，就放下了對兒子的擔心，我兒子的行為也跟著改變了，他念到一家最頂尖的大學。」

她聽了老師的話，又反問說：「但是，我的孩子是在一個功能失調的家庭中長大。他是一個受害者，從小就失去了很多學習的時間。」

老師回答她說：「但是，真相是妳的孩子從來沒有失去任何學習的時間。」

老師又面質她說：「為何有英雄氣質的大男人會吸引你呢？是因為這種人會吸引你，讓你去扮演一個小甜心的角色。這就像是我們在演練家庭雕塑時，每個人都會對號入座去扮演自己認同的角色一般。其實，這也沒什麼不對。妳的問題點在於一方面想要改變自己的生活，一方面又要保留自己原本的習性。這反而將事情變得複雜了嗎？」

她說：「是啊！其實我也不喜歡自己，我想成為一個更好的人。」

老師提醒她說：「妳又在對自己做論斷了。妳認為自己又做錯事了，妳讓自己又在迫害者與受害者的三角牢籠中跑來跑去了。」

她又說：「其實我也會佔公司的便宜，有時候小孩子下課後，我會將他們帶到我的辦公室來。因為，

走出三角牢籠的束縛

我沒有多餘的錢讓他們去上安親班，我也想讓孩子們知道單親媽媽的辛苦，賺錢少，上司也很難討好。這些都是很現實的問題。唉！我想要孩子們真正瞭解我的辛苦和困難，這樣子小孩就會變得比較乖巧和貼心吧！」

老師又提醒她說：「妳現在說的行為就是拯救者，只是在合理化或正當化自己的行為。所謂的拯救者的行為，就是為了讓自己的感覺好一點，喜歡去分析問題，喜歡給別人忠告，甚至親自下海去解決問題，讓問題消失。」

老師又說：「其實要離開三角牢籠的唯一方法，就是要承認與接納你內心受害者的不舒服心情，接受那個受害者的無力感、無助感和內疚感，完完全全地和自己的不舒服感在一起。你真正的問題是不願意接受內在不舒服的感覺，不願意承認自己是失敗的、無助的和無力的媽媽。你覺得自己過去做了這麼多迫害

小孩的行為，現在都已經無法彌補了。其實，妳現在唯一需要做的是對這三個小孩說對不起，完完全全地接受與承認內在受害者的眞相與事實，同時也不要期望三個小孩會寬恕自己。」

老師問她說：「妳現在是否願意準備面對這樣的過程呢？」

她點了點頭，回答老師說：「好的，我願意。」

老師要她在教室中找三個同學出來，扮演她的大兒子、二兒子和小兒子。老師讓三個兒子在母親面前一大步距離的地方，依序排成一列。這時候，教室的燈光變朦朧了，周圍響起柔和又充滿愛的音樂。老師引導媽媽慢慢走到大兒子面前，她停下了腳步，注視著大兒子的眼睛，對他說：「對不起，我是個沒有用的媽媽。」當這句話說出口時，她感覺著身體不舒服的地方，那就是內心痛的地方。她的眼淚在眼眶裡晃動，她慢慢靠近大兒子，擁抱住大兒子。（這個擁抱的過程代表著媽媽的痛也是孩子的痛，也是所謂投射的原理，失敗的媽媽投射在孩子身上，孩子就成爲沒用的孩子。）老師要兩個人擁抱著，過了一段時間，直到兩個人的內心都感到和平了，寧靜了，才放手分開來。老師要大兒子走開，讓她繼續走到二兒子的面前重複相同的過程。大兒子走到她的背後，用一支手輕輕的貼在她的背後給她支持與關愛的能量。此時她溫柔而專注地的注視著二兒子的眼睛，說出內在

的感覺：「對不起，我是個失敗的媽媽。」再次的，
她感覺著身體不舒服的地方，那就是內心痛的地方。

接著，她擁抱住二兒子，過了好一陣子才分開。
她繼續走到小兒子的面前時，二兒子也走到她的背後
和大兒子並肩站著，兩人伸手一起支持著她。她流著
淚哽咽的說：「對不起，我實在很對不起！……對於
我過去錯誤的行為……現在都無法彌補和改變了……
我實在是很對不起……。」她擁抱住現場剛才的焦點
人物──小兒子輕聲的啜泣，慢慢的她的身體放鬆
了，她接受了這樣子的感覺，並感受到內在的平靜與
和平。然後，老師讓全家四個人自然的擁抱在一起，
讓四個人的「愛」有更深的連結，並且喚醒每一位內
在的核心本質。那是一股更大的和平力量，更大的寧
靜能量，更大的喜悅與愛的能量，這些能量充滿了
全身。

≫ 媽媽案例的後記

這個媽媽發現自己的自我感、金錢（生存）、親
子關係、夫妻關係與身體健康都出了問題。參看她演
媽媽角色的 PDP 特質圖表時，我們看到的是：

1. 她的自我感非常非常的低，也就是非常的挫敗。

2. 她激勵的起點也是非常的挫敗，認為自己無論如

何努力也不會成功。

3. 她不滿意的程度相當於一個決定要離職的員工不
滿意程度的兩倍，只是自己無法辭掉媽媽這個
角色。

4. 她當媽媽所耗用的能量相當是一個全職員工的工
作所耗用的能量。

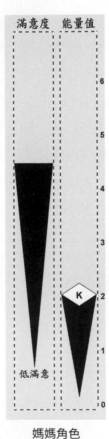

媽媽角色

〈後記〉
感謝與欣賞

≫ 我感謝我的家人與貴人

在我生病療癒後，一九八八年給自己的承諾就是要在下半生投入我的最愛－教育傳播事業！我感激當時最大的汽車零件業客戶－加拿大 Magna 公司的董事長 Frank Stronach 提供給我的機會，邀我前去加拿大與其集團其他四十幾位總經理參與爲期一個月的總經理訓練。在這個總經理訓練課程的第一堂就談到「找對人做對事」，且用個性特質來檢驗經營團隊。由於在一九八五年我已經開始研究與應用人格特質的案例，在經過這一整個月課程的啟發之旅，與回顧我的人生與熱愛的工作，使我做出了承諾。

在一九九一年我正式將美國 PDP 系統引入台灣，直到今天延伸到整個大中華地區及東南亞與中東、歐洲。

同時我要感激我的爸爸、媽媽、哥哥、妹妹、弟弟，一九七四年到一九八八年在我台灣的第一個外銷汽車零件事業中，全心全力、無怨無悔的支持我，讓我不用擔心金錢的問題，又能賺錢環遊世界五大洲。

真相的力量──喚醒內在真相 激發潛在領導力

還學到了經營者與「行萬里路、讀萬卷書」的歡欣。同時又能在一九七四到一九九二年持續地在美國研究所學習－國際外交、政治哲學及國際高階管理碩士班。另外還學習中國古老智慧經典哲學為我打下良好的政治學基礎。另外我要欣賞我的老公 Mac，從訂婚到婚後二十七年來，用他的智慧、勇氣、正直、及全心的愛來支持我從事教育傳播事業。

目前國內已做過「PDP 個人領袖特質」的研發案例：（依姓名筆畫排序）

政治菁英： 朱惠良、李慶安、林義雄、呂秀蓮、施明德、馬英九、許信良、張俊雄、黃大洲、陳立夫、陳水扁、郝柏村、趙耀東與 111 位立法委員。

經濟菁英： 大前研一、王文洋、石滋宜、徐旭東、施振榮、殷琪、張建邦、胡定吾、黃茂雄、陳盛沺。

文化菁英： 王清峰、李鐘桂、朱德庸、李建復、金惟純、殷允芃、曹又方、范可欽、聖嚴法師、蔡志忠、鄭淑敏、葉樹珊、郭吉仁、鄭村棋、司徒達賢。

參考書目

≫ 趨勢、組織發展、管理概念叢書系列

- 改造企業——**再生企業的藍本**／Michael Hammer & James Champy 合著／楊幼蘭譯／牛頓出版社
- 企業不倒翁——**改造公司的首腦人物**／Mark Potts & Peter Behr 合著／榮泰生譯／中國生產力中心
- **組織行為學**／Don Hellriegl & John W. Slocum, Jr. & Richard W. Woodman 著／林靈宏譯／五南圖書出版公司
- 組織的盛衰——**從歷史看企業再生**／堺屋太一著／呂美女、吳國楨合譯／麥田出版社
- 第五項修鍊——**學習型組織的藝術與實務**／Peter M. Senge 著／郭進隆譯／天下文化
- **世界大趨勢一九九四**／三井物產貿易經濟研究所編／吳樹文、馬宋芝合譯／商務印書館
- **中國的文藝復興**／陳舜臣編著／萬象圖書出版社
- **湯恩比眼中的東方世界（上、下）**／湯恩比編／久大文化
- **為文明的趨向求答案**／孫慶餘著／領導出版社
- **未來的衝擊**／杜佛勒著／蔡伸一章譯／志文出版社

- **大未來**／杜佛勒著／時報文化
- **大趨勢**／黃明堅譯／經濟日報
- **21 世紀企業全球戰略**／大前研一著／天下文化
- **第三波**／杜佛勒著／逸群出版社
- **二〇〇〇年大趨勢**／尹萍譯／天下文化
- **全預測(2)**／三菱綜合研究所／卓越文化
- **文化與生活**／錢穆等著／樂天出版社
- **文化學**／錢穆等著／樂天出版社
- **女性大趨勢**／John Naisbitt & Pattricia Aburdene 著／陳廣譯／台視文化公司
- **歷史的現代觀**／堺屋太一著／久大文化
- **創造世界文明的書**／唐斯博士著／譚逸譯／中華日報
- **領導者的七次微笑**／勞倫斯‧米勒著／林宜瑾譯／時報文化
- **企業文化**／泰倫斯‧迪爾、艾倫‧甘迺迪著／黃宏義譯／長河出版社
- **放寬歷史的視界**／黃仁宇著／允晨出版社
- **中國大歷史**／黃仁宇著／聯經出版社
- **人才哲學**／石滋宜著／社會大學
- **成功心理學**／Dr. I. Swell 著／邱奕銘譯／遠流出版社
- **與成功有約──全面造就自己**／顧淑馨譯／天下文化
- **時空與人生**／金忠烈著／華岡出版社

- **教育與人生**／庫斯南第著／張南星譯／牧童出版社
- **從歷史看領導**／許倬雲著／洪建全基金會
- **歷代偉人用人之道**／滄海客著／泰華堂出版社
- **科學和教育**／吳大猷著／聯經出版事業公司
- 21 **世紀革新型領導**／安藤嘉昭著／林中力、許錫慶譯／中國生產力中心

≫ 人物傳記系列

- **瑪麗・居禮**／Beverley Birch 著／丘彥明、唐效譯／東華書局
- **羅斯福夫人**／David Winner 著／張先信譯／東華書局
- **居禮夫人**／尹萍譯／天下文化
- **葛麗絲王妃傳**／高文・羅賓絲著／金文圖書有限公司
- **希拉蕊傳**／茱迪絲・華納著／月旦出版公司
- **柴契爾夫人回憶錄（上下）**／瑪格麗特・柴契爾著／月旦出版公司
- **江青沉浮錄**／林青山著／大村文化公司
- **宋美齡──中國第一夫人傳**／許漢著／開今文化
- **賈桂琳真傳**／林炎成著／金文圖書有限公司
- **宋慶齡傳**／愛潑斯坦著／沈蘇儒譯／日臻出版社
- **平凡的勇者**／趙耀東著／天下文化

真相的力量──喚醒內在真相 激發潛在領導力

- **羅斯福小傳**／太田佐郎著／許道新編譯／先見出版社
- **偉人的母親**／小原國芳編／高金郎譯／台灣商務印書館
- 米德：**人類學你先知**／Michael Pollard 著／陳品君譯／牛頓出版股份有限公司
- **南丁格爾**／Pam Brown 著／張先信譯／東華書局
- **蒙特梭利**／Michael Pollard 著／唐效、丘彥明譯／東華書局
- **露絲‧潘乃德**／文化模式的詩神／瑪格麗特‧米德編／張自譯／稻禾出版社
- **約翰‧甘迺迪淺介**／Errol Selkirk 著／易汶譯／博益出版集團
- **創造歷史的女人**／王家編／王家文版社
- **賈伯斯傳**／華特‧艾薩克森著／廖月娟、薑雪影、謝凱蒂譯／天下文化出版社

》心理學、人性學、哲學、禪學、勵志學與方法學系列

- **喚醒心中的巨人**／Anthony Robbin 著／李成嶽譯／中國生產力中心
- **邁向成功的勇氣**／田中眞澄著／嚴桂蘭譯／新時代

- **打開成功的心門——10個自然法則**／掌握時間、規劃生活／Hyrum W. Smith 著／劉麗眞譯／麥田出版社
- **學問的生命與生命的學問**／傅偉勳著／正中書局
- **與家人共舞**／鄭玉英著／信誼基金出版社
- **天下沒有不吵架的夫妻**／能戶清司著／丁祖威譯／聯經出版事業公司
- **自我的探索**（Man and His Symbol）／卡爾・榮格等著／黎惟東譯／桂冠圖書公司
- **生之勇氣**／保羅・田立克著／胡生譯／久大文化
- **充實人生**／莊繡滿著／將門文物出版有限公司
- **無限影響力**／狄倫施耐德著／賈士薇譯／天下文化
- **思想與心理**（Straight And Crooked Thinking）／梭羅土著／陳順吉譯／國際文化事業有限公司
- **行為學的基礎**／郭任遠著／萬年青書店
- **愛與被愛**／禦木德近著／慧琪譯／哲志出版社
- **解剖人性深層心理學**／多湖輝著／秋美譯／鍾文出版社
- **饒恕的藝術**（Forgive Forget and Be Free）／珍妮特・洛克比著／湯麗蘭譯／中國學園傳道會出版部

人生顧問0335
真相的力量──喚醒內在真相 激發潛在領導力

作　　者──張曼琳
主　　編──林菁菁
企　　劃──葉蘭芳
美術設計──李宜芝

發 行 人──趙政岷
出 版 者──時報文化出版企業股份有限公司
　　　　　　10803台北市和平西路3段240號3樓
　　　　　　發行專線─（02）2306-6842
　　　　　　讀者服務專線─ 0800-231-705（02）2304-7103
　　　　　　讀者服務傳真─（02）2304-6858
　　　　　　郵撥─ 19344724時報文化出版公司
　　　　　　信箱─ 台北郵政79～99信箱
時報悅讀網─http://www.readingtimes.com.tw
電子郵件信箱─ctliving@readingtimes.com.tw
法律顧問──理律法律事務所　陳長文律師、李念祖律師
印　　刷──盈昌印刷有限公司
初版一刷── 2018年10月26日
定　　價──新台幣220元

時報文化出版公司成立於一九七五年，
並於一九九九年股票上櫃公開發行，於二○○八年脫離中時集團非屬旺中，
以「尊重智慧與創意的文化事業」為信念。

真相的力量：喚醒內在真相 激發潛在領導力 / 張曼琳著. -- 初版. -- 臺
　北市：時報文化, 2018.10
　　面；　公分

ISBN 978-957-13-7548-9 (平裝)

1.領導　2.職場成功法

177.5　　　　　　　　　　　　　　　　　107015502

ISBN　978-957-13-7548-9
Printed in Taiwan